监管的政策效应：公司行为和绩效

Effects of Regulation Policy: Corporate Behavior and Performance

李新娥　张志君　著

北京交通大学出版社

·北京·

内 容 简 介

资本监管对银行的影响研究是一个新生事物，即使在西方发达国家，也只有30多年的历史。借助我国16家上市银行2006年至2014年公开披露的原始数据，本书从银行的经营过程出发，全面剖析资本监管对银行经营各个环节的影响，并重点着眼于银行的主要经营活动，研究资本监管对银行风险行为、融资行为和综合绩效的影响，试图找出商业银行与监管政策目标的利益契合点，为建立激励相容的长效监管机制提供理论参考。本书还可以为资本监管、银行风险管理和内部控制等相关方向的研究提供借鉴和参考。

图书在版编目（CIP）数据

监管的政策效应：公司行为和绩效 / 李新娥，张志君著. —北京：北京交通大学出版社，2017.1

ISBN 978–7–5121–3152–1

I. ① 监… II. ① 李… ② 张… III. ① 银行监督－研究 IV. ① F830.2

中国版本图书馆 CIP 数据核字（2017）第 007984 号

监管的政策效应：公司行为和绩效

JIANGUAN DE ZHENGCE XIAOYING: GONGSI XINGWEI HE JIXIAO

责任编辑：韩　乐　　助理编辑：付丽婷

出版发行：北京交通大学出版社　电话：010-51686414　http://www.bjtup.com.cn

地　　址：北京市海淀区高梁桥斜街44号　邮编：100044

印 刷 者：北京艺堂印刷有限公司

经　　销：全国新华书店

开　　本：148 mm×210 mm　印张：6.375　字数：184千字

版　　次：2017年1月第1版　2017年1月第1次印刷

书　　号：ISBN 978–7–5121–3152–1/F・1669

定　　价：21.00元

本书如有质量问题，请向北京交通大学出版社质监组反映。

投诉电话：010-51686043，51686008；传真：010-62225406；E-mail：press@bjtu.edu.cn。

序

随着我国银行业的对外开放和金融体制改革的不断深化，我国已出现了一大批独立经营、自负盈亏、自我发展、自我约束的商业银行。它们不仅深谙市场规则，而且对外部监管有足够的敏锐性。《中华人民共和国银行业监督管理法》提出，银行监管的目标是“促进银行业的合法、稳健运行，维护公众对银行业的信心。”“保护银行业公平竞争，提高银行业竞争能力。”政府对银行的监管制度主要有法定存款准备金制度、存款保险制度、法定资本充足率制度等。我国商业银行的监管特点有两方面比较明显：一是银行资本监管逐步加强，二是商业银行资本约束理念逐步确立。

首先，银行资本监管逐步加强。资本监管是银行审慎监管的核心，资本监管的目标需要通过单个银行的行为来实现。通过对银行资本充足率的约束，可以营造公平的竞争环境，从而使得单个银行倒闭的概率和风险水平降低，实现和提高整个银行体系的安全性。资本监管对银行的影响研究是一个新生事物，即使在西方发达国家，也只有 30 多年的历史。自 1988 年巴塞尔资本协议发布以来，资本监管已逐渐成为银行审慎监管的重要手段，资本充足率已经成为衡量银行经营稳健性的核心指标，而建立健全以资本监管为核心的银行监管体系，不仅成为单个银行稳健经营的重要保障，也成为世界各国防范金融风险与维护金融体系安全的重要制度安排。从 1988 年巴塞尔委员会发布《统一资本计量和资本标准的国际协议》（简称《巴塞尔协议Ⅰ》），到 1996 年巴塞尔委员会发布《关于市场风险资本监管的补充规定》，再到 2004 年巴塞尔委员会发布《统一资本计量和资本标准的国际协议：修订框架》（简称《巴塞尔协议Ⅱ》），迄今为止，全球已有 100 多个国家或地区实施以《巴塞尔协议Ⅰ》为基础的银行资本监管框架。自 2008 年金融危机以来，巴塞尔委员会和世界主要经济体对原有资本监管制度进行了深刻反思，并对监管规则进行了大幅度的修订。2009 年 4 月的 G20 伦敦峰会和 2009 年 9 月的 G20 匹兹堡峰会提出，要对整个资本监管体系进行改革，敦促巴塞尔委员会构建全新的资本监管框架。2009 年 3 月 18 日，英国金融服务局（FSA）公布了金融监管改革报告。2009 年 2 月，美联储管理委员会、联邦储备银行、联邦存款保险公司、美国货币监理署联合对美国 19 家最大银行控股公司实施了资本监管评估计划。欧盟委员会先后在 2008 年 10 月、2009 年 7 月、2010 年 11 月和 2011 年 7 月四次向欧盟理事会和欧洲议会提交了关于修改《资本金要求指令》的提案。2010 年 12 月，巴塞尔委员会正式公布了《巴塞尔协议Ⅲ》，建立了新一代多层次系统性的资本监管框架，使资本监管的定义更加严格，资本监管层次更加丰富，资本监管理念更加系统，同时使资本监管在银行监管中的核心地位得到进一步加强。

相比西方发达国家，我国银行资本监管虽然起步相对较晚，但步伐不断加快。1994 年，中国人民银行发布了关于对商业银行实行资产负债比例管理暂行监管指标的通知，首次发布了商业银行资本充足率的计算方法和最低要求。1995 年颁布的《中华人民共和国商业银行法》明确规定商业银行资本充足率不得低于 8%。自 2003 年银行业监督管理委员会成立以后，我国银行资本监管更是不断加强。2003 年颁布的《中华人民共和国银行业监督管理法》为我国银行资本监管提供了基本法律依据。2004 年，以《巴塞尔协议Ⅰ》为基础，借鉴《巴塞尔协议Ⅱ》，我国发布了《商业银行资本充足率管理办法》，确定了商业银行各类资产的风险权重，将市场风险纳入资本监管框架，并将《巴塞尔协议Ⅱ》的第二和第三支柱纳入其中，建立了我国银行资本监管的基本框架。2009 年，我国正式加入巴塞尔银行监管委员会，这有力促进了我国银行资本监管的国际协调能力。

其次，商业银行资本约束理念逐步确立。20 世纪 90 年代以前，我国没有真正的商业银行，四大专业银行垄断了我国的金融市场。由于这四大专业银行承担着大量的行政职能，国家对它们承担着无限责任，所以它们没有资本约束观念。在 2004 年《商业银行资本充足率管理办法》发布以前，尽管中国人民银行逐步提出了资本充足率管理思想，但由于具体可操作的管理体制尚未建立，以及我国银行业的利润来源主要是存贷款利差，银行业追求规模的冲动不减，资本充足率监管仍处于初级阶段。随着我国银行体制改革的不断深化，特别是四大国有专业银行的转型改制完成，独立经营、自负盈亏、自我发展、自我约束的商业银行体系逐步建立起来，实施以资本充足率为核心的银行资本监管条件基本成熟。2004 年，银监会发布《股份制商业银行风险评级体系（暂行）》。2005 年，12 家股份制商业银行行长论坛把“资本约束与经营转型”作为论坛的主题。自银监会实施资本监管以来，我国商业银行资本充足率达标率一路攀升，由 2003 年的 8 家，到 2011 年年底 390 家商业银行资本充足率达到了 8%。2012 年，509 家商业银行的资本充足率超过了 8%。2013 年，629 家商业银行的资本充足率超过了 8%，全部商业银行中只有一家农村商业银行未达标。自 2013 年起，我国商业银行开始正式执行《商业银行资本管理办法（试行）》（简称《资本办法》），提出：对于系统重要性银行，银监会要求于 2018 年 12 月 31 日其核心一级资本充足率不得低于 8.50%，一级资本充足率不得低于 9.50%，资本充足率不得低于 11.50%；对于非系统重要性银行，银监会要求其于 2018 年 12 月 31 日核心一级资本充足率不得低于 7.50%，一级资本充足率不得低于 8.50%，资本充足率不得低于 10.50%。《资本办法》扩大了风险覆盖范围，提高了监管资本的风险敏感性，对资本计量更加审慎。截至 2014 年年底，商业银行核心一级资本充足率为 10.56%，一级资本充足率为 10.76%，资本充足率为 13.18%。可以看到，银行经营资本约束思想正逐步深入。

需要特别说明的是，本书主要对资本监管的政策效应开展研究。银行是资本监管的对象，也是资本监管发挥效应的载体，而资本监管是银行与监管部门之间的互动过程。银行资本监管不仅应着眼于整个银行体系的安全，还应着眼于商业银行综合绩效的提高和核心竞争力的增强。资本监管如何影响银行绩效，银行对资本监管如何反应，不仅直接决定资本监管能否达到预设目标，而且决定资本监管能否形成激励相容的长效机制。银行和监管部门是不同的市场主体，具有不同的价值取向，只有理顺并合理协调监管部门和商业银行的目标，才能达到资本监管在监管部门与银行之间的利益均衡，并增加社会整体福利。

本书认为资本监管从制度制定到目标实现需要经历一系列环节，商业银行对监管制度的理解和回应是传导机制中最重要的环节和实现监管目标的根本保障。因此，本书从商业银行的角度出发，着眼于商业银行的主要经营活动，全面研究资本监管对商业银行风险行为、融资行为及综合绩效的影响，这将在一定程度上填补银行资本监管研究方面的空白。

本书研究的具体思路是：在总结已有的理论基础、资本监管演进进程及前人研究成果的基础上，对资本监管与中国上市银行综合绩效的关系进行实证研究。实证研究分为以下三部分。

一是研究资本监管对风险行为的影响，探究资本监管对银行资金运用和收入实现的影响。本部分基于 Shrieves 和 Dahl 提出的联立方程模型，利用 2006 年至 2014 年 16 家上市银行的样本数据，对资本监管与银行风险行为之间的关系进行实证研究。在界定银行风险指标时，基于前人的研究，综合考虑与银行实现收入相关的资产质量、拨备覆盖、收入结构等各种指标，通过对国有控股大型商业银行、股份制商业银行和城市商业银行进行分类对比，并对样本银行进行回归分析，研究资本监管和银行风险行为的关系。

二是研究资本监管对银行融资行为、银行资本结构和融资成本的影响。资本结构是影响银行绩效的重要因素，而银行监管资本分为核心资本和附属资本。核心资本的来源主要为所有者权益。附属资本除包括部分具有所有者权益性质的项目外，还包括可转换债券、长期次级债务等负债项目。核心资本与附属资本的比例可以在一定程度上作为银行资本结构的替代变量。通过研究银行两种监管资本的结构及其变化、融资成本大小和资本监管之间的相关关系，可以探究银行的融资行为和应对资本监管的方式，以更好地研究资本监管和银行综合绩效的关系。本部分研究利用 2006 年至 2014 年 16 家上市银行的样本数据，采用相关分析方法研究资本监管和银行融资行为之间的关系。

三是研究资本监管对银行综合绩效的影响。研究认为银行风险行为和融资行为共同影响银行的综合绩效。本部分基于财政部《金融企业绩效评价办法》和 CAMEL 模型，设计出 5 类 11 项银行绩效指标；针对 2006 年至 2014 年 16 家上市银行的样本数据，利用主成分分析法提炼出主成分，并计算样本银行的综合绩效；通过分类比较国有控股大型商业银行、股份制商业银行和城市商业银行的综合绩效，分析资本监管对银行综合绩效的影响，寻找商业银行与监管部门在资本监管方面的利益契合点。

最后，在上述实证研究的基础上，总结研究结果，为我国资本监管理念、制度设计和银行风险管理提出建议。

作者

2016 年 10 月

目　　录

第一章

银行及其风险管理

第一节 风 险 概 述

一、风险的含义

在市场竞争日益激烈，经济金融动荡日益加剧的复杂多变的环境中，公司面临的风险已经无处不在，无时不有。虽然早在 19 世纪，西方古典经济学派就提出了风险的概念，认为风险是经营活动的副产品，经营者的收入是其在经营活动中承担风险的报酬。但是，对于风险的严格定义，学术界还存在争议，至今也没有一致的说法。以下是两种具有代表性的风险定义。

（一）强调未来事件发生结果的不确定性

公司在实现战略目标的过程中，其赖以生存的内外环境是动态的，所以公司在不断发展变化的环境中，可能会遇到各种不确定性事件。这些事件发生的概率及其影响程度是无法事先预知的，它们将对公司经营活动产生直接或间接的影响，从而可能影响公司战略目标的实现。这种在一定环境下和一定限期内客观存在的、影响公司目标实现的各种不确定性事件就是风险。

然而，不确定性事件既可能给公司带来有利的影响，又可能带来不利的影响，并且不确定性事件既可能可以测度，又可能不能测度。奈特认为风险是“可测定的不确定性”，而“不可测定的不确定性”才是真正意义上的不确定性。英国风险管理协会（IRM）、保险和风险管理师协会（AIRMIC），以及公共部门风险管理协会（ALARM）共同发布了风险管理标准，既关注风险的消极面，又关注风险的积极面，将风险定义为事件及其后果的可能性的结合。在这类定义中，风险表现为不确定性，认为风险产生的结果可能是带来损失、获利或是无损失也无获利，可以将其作为风险定义的广义说法。

（二）强调遭受损失的可能性

这类定义强调风险和损失相联系的特征，认为公司经营活动损失的概率越大，风险也就越大。由于这类定义强调风险只能表现出损失，没有从中获利的可能性，因而可以作为风险定义的狭义说法。这类风险定义往往包括三个要素：第一，风险与不确定性有差异；第二，风险是客观存在的；第三，风险可以被预测。

二、风险的特点

我国 2006 年颁发的《中央企业全面风险管理指引》对企业风险的定义是：风险是指未来的不确定性对企业实现其经营目标的影响。在本书中，公司面临的风险被界定为：在一定战略期间内，公司经营的实际行动结果和预期目标之间的偏离。

正确理解风险的定义，需要把握以下几个方面。

1. 风险存在的普遍性

在现实生活中，风险无处不在，已经成了影响一切活动的基本要素。随着公司经营范围的扩大，各类风险层出不穷，且风险事故造成的损失也越来越大，尤其是在经济全球化背景下，中国企业不仅面临着前所未有的发展机遇，而且面临着政治、法律、市场、财务等方面的风险。另外，恐怖活动、金融危机、网络攻击、自然灾害等风险也不容忽视。积极应对风险挑战，培养“全面风险管理思维”，是每家“走出去”的企业所面临的必修课。

2. 风险的客观性

风险是客观存在的，是不以人的意志为转移的。人们只能在一定的范围内改变风险形成和发展的条件，降低风险事故发生的概率，减小损失程度，而不能彻底消除风险。

3. 风险的损失性

风险发生后必然会给人们造成某种损失，然而对于损失的发生，人们往往无法预料和确定。人们只能在认识和了解风险的基础上严防风险的发生和减少风险所造成的损失。损失是风险的必然结果。

4. 风险损失发生的不确定性

风险是客观的、普遍的，但就某一具体风险损失而言，其是否发生是不确定的，是一种随机现象。例如，天气变化、自然灾害等原因，导致货物霉变，或者货物、原材料不能按计划供应，影响公司的正常运营，这种风险的发生是不可预知的，需要公司及时做好应急方案。

5. 风险的可变性

风险的变化，不仅有量的增减，质的改变，还可能有旧风险的消失和新风险的产生。风险因素的变化主要是由科技进步、经济体制与结构的转变、政治与社会结构的改变等方面的原因引起的。

三、风险的类型

风险分类是为一定的目的服务的，如可以从风险程度、风险可控性、风险范围大小等角度对风险进行分类。对风险分析的目的不同，分类标准也不同。

（一）按风险的范围划分

按风险的范围划分，风险可分为局部性风险和全局性风险。局部性风险是指在某一局部范围内存在而未波及全局的风险，全局性风险是指在一个整体内涉及全局的风险。

（二）按风险的程度划分

按风险的程度划分，风险可分为轻度风险、中度风险和高度风险。轻度风险是风险程度最低的，在一般情况下即使有风险，对整体也不会产生太大的影响；中度风险比轻度风险的风险程度要大，这种风险虽然未达到左右整体的程度，但却会对整体产生明显的影响；高度风险也称为重大风险或严重风险，这种风险一旦发生，就会使整体陷于困境，企业必须经过一定的时间才能恢复正常状态，严重时能造成企业无法生存，置企业于死地。

（三）按风险存在的方式划分

按风险存在的方式划分，风险主要分为潜在型风险、延缓型风险、突发性风险、转移性风险和竞争性风险。

1. 潜在型风险

风险作为一种可能性存在着，并且其程度和范围也能预估，但这种可能性尚未变成现实性。

2. 延缓型风险

由于有利条件的增强，使不利因素产生的影响暂时受到抑制，从而使风险发生的时间比原来估计的要迟，但风险尚未被排除。

3. 突发性风险

这主要是由偶发事件引起的风险，是人们事先没有估计到并在没有思想准备的情况下出现的。

4. 转移性风险

客观条件的改变，使构成风险的因素发生作用方向的改变，从而导致风险向别的主体转移。

5. 竞争性风险

竞争性风险指企业间由于竞争，而对对方构成的风险。这种风险所造成的后果，主要由企业竞争能力和策略决定。风险存在的范围广，形式复杂，企业应予以足够的重视。

（四）按风险的成因及影响范围划分

按风险的成因及影响范围划分，风险可以分为系统性风险和非系统性风险。系统性风险是指由公司外部，且不为公司所预计和控制的因素造成的风险。这些因素单个或整体发生，会对整个行业产生影响，而人们根本无法事先采取某针对性措施予以规避或利用，从这一意义上讲，系统性风险也称为分散风险。对银行来说，系统性风险主要分为经济周期性波动风险、信用风险、利率风险、货币风险、政策风险等。

非系统性风险是由公司自身某种原因而引发的风险。它只存在于相对独立的范围，与整个行业不发生系统性的联系，可以通过提升管理水平、加强风险研判、多元化经营等途径加以规避或利用，又称为可分散风险。

（五）按风险的内容划分

按风险的内容划分，风险的种类多种多样，其中主要有市场风险、技术风险、生产风险、信贷风险、资源风险、环境风险、涉外风险、人事风险，等等。

此外，安达信公司将企业风险分为市场风险、信用风险、流动性风险、作业风险、法律风险、会计风险、资讯风险和策略风险；《巴塞尔协议Ⅱ》将企业风险分为市场风险、信用风险和操作风险；我国国资委在《中央企业全面风险管理指引》中将企业风险分为战略风险、市场风险、运营风险、财务风险和法律风险。

（六）按风险的来源划分

按风险的来源划分，风险可以分为外部风险和内部风险。其中：外部风险主要包括政治风险、法律风险、合规风险、社会文化风险、技术风险、自然环境风险、市场风险、产业风险、信用风险等；内部风险主要包括战略风险、操作风险、运营风险、财务风险等。

1. 政治风险

这是外部环境中国际或国内政治因素变动对公司构成的风险。政治风险的来源一般包括政府推行有关外汇管制、进口配额、进口关税、当地投资人的最低持股比例和组织结构等的规定，还包括歧视性措施，如对外国公司征收额外税款、限制外国公司向东道国的银行借款、限制外国公司在当地银行借款等。

政治风险又可以分为两大类：宏观政治风险和微观政治风险。宏观政治风险对一国之内的所有公司都有潜在影响，如恐怖活动、内战、军事政变等。微观政治风险仅对特定企业、产业或投资类型产生影响，如设立新的监管机构或对本国内的特殊企业征税。另外，当地业务合作伙伴如果被政府发现有不当行为，也会对本企业产生不利的影响。绝大多数的政治风险问题属于微观层次的问题，而且更多地涉及企业或投资者经营收入和投资回报，而不是财产所有权。

2. 法律风险与合规风险

法律风险是指公司在经营过程中因自身经营行为的不规范或者外部法律环境发生重大变化而造成的不利法律后果的可能性，是基于法律的原因可能发生的危险及其他不良后果，即在法律上是不安全的，如立法不完备、执法不公正、市场主体自身法律意识淡薄、交易方的违约或欺诈等。

合规风险是指公司在内部控制和治理流程中，因未能够与法律、法规、政策、行为准则或相关标准保持一致而导致的风险。

法律风险与合规风险往往不是泾渭分明的，实践中真正把两者区分开较为困难，但是这两类风险有以下区别和联系。

（1）法律风险和合规风险侧重点不同。法律风险侧重于民事责任的承担，而合规风险侧重于行政责任和道德责任的承担。例如，银行与客户约定的利率超出了人民银行规定的基准利率幅度，那么银行合规风险突出表现在监管机关的行政处罚、重大财产损失和声誉损失上，而法律风险则侧重于银行对客户民事赔偿责任的承担。

（2）一定情况下，法律风险和合规风险会同时发生。例如，公司将会同时面临监管机关的处罚和客户的起诉。

（3）合规风险和法律风险有时会发生分离。例如，公司违规经营被媒体曝光，公司声誉将面临重大损失，这显然属于合规风险，与法律风险无关。

3. 社会文化风险

社会文化风险是指社会文化因素的影响给公司经营活动带来损失的可能性。它可能存在并作用于公司经营的更深领域，主要有以下三方面内容。

（1）跨国经营活动引发的社会文化风险。跨国经营使公司面临东道国文化与母国文化的差异问题，这种文化的差异直接影响着管理的实践，构成经营中的文化风险。

（2）公司并购活动引发的社会文化风险。并购活动导致双方文化的直接碰撞与交流。文化整合是并购过程中最困难的任务，尤其对于跨国并购而言，公司要面临组织文化与民族文化的双重风险。

（3）组织内部因素引发的社会文化风险。组织内员工队伍的多元文化背景会导致个人层面的文化风险。越来越多的公司从不同的国家和地区招募员工，广泛开展跨国的经济合作与往来，从而使组织内部的价值观念、经营思想与决策方式不断面临冲击、更新与交替，进而在公司内部引发多种文化的碰撞与交流。

4. 技术风险

技术风险是由于技术本身的复杂性和其他相关因素变化产生的不确定性而导致技术创新遭遇失败的可能性，包括纯技术风险及在其他过程中由于技术方面的因素所造成的风险。例如，技术手段的局限性、技术系统内部的复杂性、技术难度过高、产品寿命的不可预测性、替代性技术的缺乏等原因都可能导致技术创新夭折。

5. 自然环境风险

自然环境风险是指公司由于其自身或影响其业务的其他方造成的自然环境破坏而承担损失的风险，既有直接的自然环境风险，又有间接的自然环境风险。直接的自然环境风险通常比较明显，如公司石油泄漏或污水排放到河流造成的污染、烟囱产生的空气污染、垃圾处理场的废物倾倒等产生的环境破坏的风险；间接的自然环境风险不太明显，如公司的产品达到了其使用寿命，则产品的处理就会产生自然环境风险。公司不仅需要关注自身对自然环境造成的直接影响，还要关注公司与客户和供应商之间的联系对自然环境造成的间接影响。

6. 市场风险

凡是和价格有关的，由于价格变动给公司带来的无法预见的损失的风险均称为市场风险。公司需要管理的主要市场风险有利率风险、汇率风险、股票价格风险和商品价格风险。利率风险是指因利率提高或降低而产生预期之外损失的风险；汇率风险是由汇率变动的可能性，以及一种货币对另一种货币的价值发生变动的可能性导致的风险；股票价格风险是自身持有的股票价格变化引起的风险；商品价格风险是对商品生产者影响最大的风险，整个流通环节均会受到这一风险的影响。

7. 产业风险

产业风险是指在特定产业中与经营相关的风险，与公司选择在哪个产业中经营直接相关。

在考虑公司产业风险时需关注的关键因素有以下三个。

（1）产业（产品）生命周期阶段。波特认为：产业（产品）生命周期的导入期，风险非常高；成长期可以弥补风险，所以在此阶段可以冒险；成熟期，公司将面临周期性品牌出现的风险；衰退期，公司经营主要的悬念是什么时间产品将完全退出市场。

（2）产业波动性。波动性产业会涉及较大的不确定性，这使计划和决策变得更难。例如，电子业、软件业、房地产业和建筑业的产业波动性较大，因而其面临的产业风险也较大。

（3）产业集中程度。在集中度高的产业中，在位企业具有竞争优势，新进入者则面临着很高的进入障碍和风险。在集中度低的产业中，产业内竞争激烈，在位企业和新进入企业面临着共同的产业风险。

8. 信用风险

企业生产产品或服务，并将其提供给客户，同时企业会允许客户在一定时间内付款，这一过程被称为赊欠。赊欠时产生不予支付的风险称为信用风险。

来自于主要客户的信用风险主要表现为：对方在账款到期时不予支付。确定允许赊欠的对象及允许赊欠的金额是公司经理应当考虑的重要问题之一，其允许的赊欠资金成本最终会影响公司的利润实现。因为，在每一项达成的交易中或产品销售中能取得的毛利是适度的，交易或销售总价是双方确认的，而赊欠后，即使最终应收账款会被支付，但延迟支付期间所产生的额外成本或收回应收账款所需的成本会极大地降低交易的利润。

来自于供应商的信用风险主要表现为：公司的生产经营需要各种生产要素的提供，如果供应商不能按照双方合同或协议的要求按时、保质、保量地提供这些生产要素，公司稳定的生产经营将会受到影响。

9. 战略风险

公司战略实施过程中，未来的不确定性对公司实现其战略目标的影响可以称为战略风险，也可以称为战略性决策所带来的风险。从战略风险产生的原因来看，战略风险往往产生于外部环境或者战略管理行为。例如，宏观经济、产业环境或者其他未预料的外部事件的发生、战略性决策失误、公司关键资源或能力的丧失或者被模仿等，都是战略风险产生的原因。

战略风险的影响往往是巨大的、方向性的，甚至是根本性的。在战略风险上失误可能导致公司整体的失败或者灭亡。从战略风险可能导致的结果来看，战略风险带来的损失包括经济利益损失和非经济利益损失，如竞争优势减弱、综合排名降低、战略实施能力削弱等都属于非经济利益损失，而经济利益损失主要是财务类战略目标无法实现。

10. 操作风险

操作风险是指由于员工、过程、基础设施和技术，以及其他对运作有影响的类似因素（包括欺诈活动）的失误而导致公司亏损的风险，具体可归因为以下几方面。

（1）员工。这里的员工不仅包括确定公司战略方向、控制资源分配的高级管理层员工，而且包括其他各运营部门的中低层员工。员工风险包括员工的雇佣、培训和解雇所涉及的风险。员工风险的产生主要来自于公司管理制度和人力资源管理能力，以及员工个人的知识和技能方面。例如，由于劳动合同不规范而导致雇佣、解雇纠纷，由于人力资源配备不合理而导致人力资源配备与业务发展规模不一致，由于员工知识或技能欠缺而导致工作效率低下，甚至工作失误。

（2）技术。在信息化技术越来越发达完善的今天，公司经营管理活动越来越依赖于信息系统，但是系统一旦出现问题，风险将难以估计。公司需要时刻关注：公司是否有支持经营活动所必需的技术系统，是否为系统进行定期检查和评估，能否找出系统运行不佳的情况，系统不佳是否会导致公司亏损，以及公司是如何确保系统是最新的且能够应对经营风险。

（3）舞弊。舞弊是指人为的、由公司内部人员或者第三方参与的诈骗、盗用资产、违犯法律及公司规章制度的行为。

（4）外部依赖。现在的公司越来越依赖基础设施、电话、交通系统和能源供应商，而如果这些供应商出现问题，将会影响公司正常运转。

（5）过程/程序。如果公司未能制定程序/过程操作要求，可能会导致员工在运营操作时采取不正确的行为。

（6）外包。外包通常被看作是减少成本和将公司资源集中在“核心业务”上的方法。但是，很多公司越来越担心将公司的关键业务环节外包可能会带来风险。

11. 运营风险

运营风险是指公司在运营过程中，由于外部环境的复杂性和变动性，以及主体对环境的认知能力和适应能力的有限性，而导致的运营失败或使运营活动达不到预期的目标的可能性及其损失。

公司运营风险主要包括以下几个方面。

（1）企业产品结构、新产品研发方面可能引发的风险。

（2）企业新市场开发、市场营销策略（包括产品或服务定价、销售渠道、市场营销环境等）方面可能引发的风险。

（3）企业组织效能、管理现状、企业文化，以及中高层管理人员和重要业务流程中专业人员的知识结构、专业经验等方面可能引发的风险。

（4）期货等衍生产品业务失误带来的风险。

（5）质量、安全、环保、信息安全等管理失误导致的风险。

（6）企业内外部人员的道德风险或业务控制系统失灵导致的风险。

（7）给企业造成损失的自然灾害等风险。

（8）企业现有业务流程和信息系统操作运行情况的监管、运行评价及持续改进能力不足引发的风险。

12. 财务风险

财务风险是指由于公司财务结构不合理、融资不当使公司可能丧失偿债能力，从而导致投资者预期收益下降、陷入财务困境甚至破产的风险。财务风险是客观存在的，公司管理者只能采取有效措施来降低财务风险，而不可能完全消除财务风险。

第二节　银行风险管理概述

一、银行风险管理的组织体系

作为一种制度安排的企业，商业银行天生具有风险性。作为经营货币的特殊企业，商业银行存在内在的脆弱性，各种各样的风险会加大商业银行经营失败的可能性。银行风险管理的核心功能就是通过银行将流动性的资产转化为流动性的负债的形式来实现的，它意味着银行既要重视经营风险，又要在权衡风险与回报的基础上承担合理的风险。风险管理就是要协调好盈利和安全二者之间的关系。在实际的业务操作过程中，具体来说就是处理好管理部门和前台业务部门之间的关系，在保证资金安全的基础上最大限度地提高资金利润率和资源的利用效率，而实现这个目标的前提是建立完善、合理的风险管理组织体系。

组织体系是战略落实与计划执行的有力保障，因为它明确了公司内部各成员的权责关系。公司风险管理计划的落实也必须依赖于一套风险管理组织体系。不同的公司面临不同的风险类型和风险程度，比如在不同公司中由什么部门负责风险管理及风险管理人员有何责任，可能都不尽相同。对于一家小型公司来说，风险管理工作可能主要由业主本人亲自负责，最多设安全防损经理和索赔经理各一名，但对于大型组织而言，风险管理组织就要复杂得多。

随着金融市场的发展和管理技术的提高，风险管理的组织体系得到了风险管理专家和银行管理层的高度重视，设计也趋于严密和完善，并逐步形成了由银行董事会及其高级经理直接领导的，以独立风险管理部门为中心的，与各个业务部门紧密联系的风险内部管理系统。该管理系统既强调风险管理部门要与各业务部门保持密切的联系和信息畅通，又要求风险管理部门具有独立性和对风险管理的全面系统性。具体来说，上市银行主要有以下部门和成员在风险管理中承担责任。

1. 独立董事

一般来说，独立董事人数应超过董事会全部成员的半数，以保证董事会能够在重大决策、重大风险管理等方面做出独立于经理层的判断和选择。独立董事在风险管理中的作用主要表现在两方面：（1）独立董事可以凭借丰富的经验和宽广的视角，增加董事会识别风险和评估风险的能力；（2）独立董事具有更强的独立性，能够减少内部人控制的风险。

2. 董事会

董事会在全面风险管理方面主要履行以下职责。

（1）审议并向股东（大）会提交公司全面风险管理年度工作报告。

（2）确定公司风险管理总体目标、风险偏好、风险承受度，批准风险管理策略和重大风险管理解决方案。

（3）了解和掌握公司面临的各项重大风险及其风险管理现状，做出有效控制风险的决策。

（4）批准重大决策、重大风险、重大事件和重要业务流程的判断标准或判断机制。

（5）批准重大决策的风险评估报告。

（6）批准内部审计部门提交的风险管理监督评价审计报告。

（7）批准风险管理组织机构的设置及其职责方案。

（8）批准风险管理措施，纠正和处理任何组织或个人超越风险管理制度做出的风险性决定的行为。

（9）督导公司风险管理文化的培育。

（10）全面风险管理其他重大事项。

3. 风险管理委员会

风险管理委员会对董事会负责，主要履行以下职责。

（1）提交全面风险管理年度报告。

（2）审议风险管理策略和重大风险管理解决方案。

（3）审议重大决策、重大风险、重大事件和重要业务流程的判断标准或判断机制，以及重大决策的风险评估报告。

（4）审议内部审计部门提交的风险管理监督评价审计综合报告。

（5）审议风险管理组织机构设置及其职责方案。

（6）办理董事会授权的有关全面风险管理的其他事项。

4. 总经理或首席风险官

总经理就全面风险管理工作的有效性向董事会负责。总经理或总经理委托的高级管理人员，负责主持全面风险管理的日常工作，同时负责组织拟订公司风险管理组织机构设置及其职责方案。

5. 风险管理职能部门

公司应设立专职部门或确定相关职能部门履行全面风险管理的职责。该部门对总经理或其委托的高级管理人员负责，主要履行以下职责。

（1）研究并提出全面风险管理工作报告。

（2）研究并提出跨职能部门的重大决策、重大风险、重大事件和重要业务流程的判断标准或判断机制。

（3）研究并提出跨职能部门的重大决策风险评估报告。

（4）研究并提出风险管理策略和跨职能部门的重大风险管理解决方案，同时负责该方案的组织实施和对该风险的日常监控。

（5）负责评估全面风险管理的有效性，研究并提出全面风险管理的改进方案。

（6）负责组织建立风险管理信息系统。

（7）负责组织协调全面风险管理日常工作。

（8）负责指导、监督有关职能部门、各业务单位，以及全资、控股子公司开展全面风险管理工作。

（9）办理风险管理其他有关工作。

6. 审计委员会

公司应在董事会下设立审计委员会，并由公司内部审计部门对审计委员会负责。内部审计部门在风险管理方面，主要负责研究并提出全面风险管理监督评价体系，制定监督评价的相关制度，开展监督与评价，出具监督评价审计报告。

7. 其他职能部门及各业务单位

公司其他职能部门及各业务单位在全面风险管理工作中，应接受风险管理职能部门和内部审计部门的组织、协调、指导和监督，主要履行以下职责。

（1）执行风险管理基本流程。

（2）研究并提出本职能部门或业务单位的重大决策、重大风险、重大事件和重要业务流程的判断标准或判断机制。

（3）研究并提出本职能部门或业务单位的重大决策风险评估报告。

（4）做好本职能部门或业务单位建立风险管理信息系统的工作。

（5）做好培育风险管理文化的有关工作。

（6）建立健全本职能部门或业务单位的风险管理内部控制子系统。

（7）办理风险管理其他有关工作。

二、银行风险管理的流程

风险管理首先要收集风险管理初始信息，之后进行风险评估，然后制定风险管理策略，最后提出和实施风险管理解决方案。

（一）收集风险管理初始信息

收集风险管理初始信息是公司实行全面风险管理的首要环节，其目的在于及时发现公司可能面临的各种风险，为风险评估提供依据。

不同的风险，源于公司内外不同方面，而且随时随地都有可能发生。因此，收集风险管理初始信息应该贯穿于公司所有的业务单位，并且将其作为一项经常性工作。它要求公司有效地建立风险信息收集与管理系统，广泛、持续地收集与公司各种风险和风险管理相关的内外初始信息，主要包括与公司战略风险、财务风险、市场风险、运营风险、法律风险相关的国内外宏观经济政策、经济运行情况、产业政策、技术进步与技术政策、市场供给与市场需求变化、竞争对手有关情况、本公司战略与内部条件、有关法律法规等。

（二）进行风险评估

风险评估是基于所收集的风险管理初始信息，对公司各项业务管理及其重要业务流程进行的风险识别、风险分析和风险评估，其目的在于查找和描述公司风险，评价所识别出的各种风险对公司实现目标的影响程度和风险价值，给出风险控制的优先次序等。

1. 风险识别

风险识别是风险评估的起点，一般以定性分析为主，主要采用表格分析法和风险列举法。

（1）表格分析法。常用的表格有风险分析调查表、保单检视表和资产–暴露分析表。风险分析调查表是借用保险业及有关团体就公司可能遭受的风险加以详尽地调查与分析，用以发现公司潜在风险的报告书。保单检视表是由保险公司将其现行出售的保单种类与风险分析调查表融合形成的问卷式的表格。资产–暴露分析表是由美国管理协会（AMA）提出的，通过罗列公司的资产目录及与之相对应的暴露因素，从公司整体出发分析所有风险的表格。

（2）风险列举法。常用的风险列举法有财务分析法、流程图分析法和层次结构分析法。财务分析法根据财务报表和其他财务资料来辨识公司的经营风险、财务风险和信用风险。流程图分析法将公司生产和管理中的要素及要素之间的关系在流程图中详细地标示出来，分析可能对公司经营目标产生不利影响的要素及要素之间的关系。层次结构分析法将风险进行逐层分类、不断细化，直到每类风险都有具体的对象与之对应。

2. 风险分析和评估

风险分析和评估主要是通过了解各种类型损失产生的原因及损失程度，获取相关特征数据，如频率和幅度，从而得出其风险状况等级。经常采用的风险分析和评估方法有以下几种。

（1）头脑风暴法，又称集思广益法。该方法的做法是：公司从不同部门选出 7～12 人组成讨论小组，大家自由发言，提出各自的意见和想法，相互不批评也不做任何讨论；经过自由、宽松的讨论后，将来自不同部门员工的信息汇总并整理，这样公司可从整体上把握风险及其相互关系。头脑风暴法可充分发挥集体的智慧，提高公司识别风险的正确性和全面性。

（2）德尔菲法，又称专家调查法，是最常用的定性分析方法之一。该方法的做法是：公司针对某个风险同时咨询多个专家，专家们根据自己的经验做出各自的评估；综合这些评估得出一个折中的结果，并把该结果送交给专家们；专家们据此对自己的评估进行修改，直至评估结果达到一致。德尔菲法的优点是简单易行，取各家之长，避各家之短，有一定的科学性和实用性，缺点是仍属主观判断，且所需时间较长。

（3）情景分析法与压力测试法。情景分析法是通过一些数字、图表和曲线，对未来的某个状态或某种情况进行详尽的描绘和分析，以识别引起风险的关键因素及其影响程度。压力测试法对公司经营过程中面临的困难做出了最坏的打算，重现了历史灾难下公司所承担的风险。

（4）故障树分析法。故障树分析法是 20 世纪 60 年代由美国贝尔实验室提出来的，是在项目风险定性分析过程中采用的一种演绎的逻辑分析方法。该分析法利用倒立的树状逻辑因果关系图，以及事件符号、逻辑门符号和转移符号描述系统中各种事件之间的因果关系，并通过对可能造成项目失败的各种因素进行分析，画出逻辑框架图，从而确定可能导致项目失败的各种原因。故障树分析法的主要步骤有：① 详细了解系统状态及各种参数，绘出流程图或布置图；② 调查事故，收集事故案例，进行事故统计；③ 对所调查的事故进行全面分析，从中找出后果严重且较易发生的事故作为顶上事件（分析的对象）；④ 根据经验教训和事故案例，对事故进行统计分析，求解事故发生的概率，并以此作为要控制的事故目标值；⑤ 调查与事故有关的所有原因事件和各种因素；⑥ 从顶上事件起，逐级找出引发事故的直接原因事件，按事件间的逻辑关系，画出故障树；⑦ 按故障树结构简化，确定各基本事件的结构重要度；⑧ 确定所有事故发生的概率，并标在故障树上，进而求出顶上事件的发生概率。

（5）风险价值法。风险价值法是 20 世纪 80 年代提出来的，用于金融资产风险的衡量。20 世纪 90 年代，美国 J. P. 摩根银行将风险价值法作为风险衡量的主要工具。风险价值法的定义为：在一定时期内，一定的置信水平上可能的最大损失。它可将公司风险的大小以一定的货币量表示出来，从而实现不同风险的相互比较。

（6）层次分析法。层次分析法是由美国著名的运筹学家托马斯·塞蒂（Thomas L. Saaty）在 20 世纪 70 年代初期提出的一种定量和定性分析相结合的多目标决策方法。该方法的主要步骤有：利用 AHP 的递阶层次结构模型，公司将风险评价总目标进行逐层分解，得到从不同方面衡量风险的多变量准则层；每个待评估的方案按不同准则相互比较，构建判断矩阵；求出矩阵最大特征值对应的特征向量，最终得到项目风险的大小关系。层次分析法将决策者的主观判断与政策经验导入模型，并加以量化处理，很好地处理了定性和定量相结合的问题。

（7）模糊综合评价法。在风险评估过程中，有许多事件的风险程度很难精确描述或用数字准确地表达出来，而要用一种边界不清楚的概念来表示。对这类风险的评估，可引入模糊数学的相关理论和技术，构建风险评价指标集和评语集，得到综合评价矩阵，最后根据合成算子求出风险总评分。

值得注意的是，全面风险管理思想在现有风险管理采用单一变量（概率）的基础上引进了另外两个要素——价格和偏好，在三要素系统中实现风险管理上的客观计量和主观偏好的均衡优化。这一思路将风险管理理论与效用偏好理论进行了结合，更接近人们实际决策中的行为模式。由于考虑了决策者为获得最大的报酬而愿意承担的风险，全面风险管理克服了单纯根据风险损失的客观概率分析风险的弱点。

风险识别、风险分析和风险评估，是一项专业性和组织性很强的管理工作，可以由公司组织有关职能部门和业务单位进行，也可以聘请外部专家乃至有资质、信誉好、专业能力强的中介机构协助进行。但无论如何，都要采取定性与定量相结合的方法，如问卷调查、专家咨询、管理层访谈、集体讨论、情景分析、统计分析、模拟分析等。为了提高风险评估的质量与效率，还要统一制定各种风险度量单位和风险评估模型，要保证风险评估的前提假设、数据来源和评估程序的合理性与准确性。对各类风险之间的相互关系，也要进行必要的相关分析，以便对各种风险进行集中管理。此外，风险评估也是一项经常性工作，需要进行动态管理。

（三）制定风险管理策略

制定风险管理策略就是根据自身条件和外部环境，对所识别出的各种风险，按照所给出的优先次序，围绕公司目标与战略，确定风险偏好、风险承受度和风险管理有效性标准，选择适当的风险承担、风险规避、风险转移、风险转换、风险对冲、风险补偿和风险控制等管理工具，确定风险管理所需要的人力与物力资源的配置原则。制定风险管理策略是风险控制的首要环节，决定着公司风险控制的成本与效率。公司应该定期总结和分析所制定的风险管理策略的合理性和有效性，对不适当的风险管理策略进行及时的修正或调整。

（四）提出和实施风险管理解决方案

提出和实施风险管理解决方案，就是根据所制定的风险管理策略，针对各类风险或各项重大风险，制定风险解决方案，是对风险管理策略的具体落实，主要涉及的工作内容包括：提出和确定风险解决的具体目标、所需要的组织领导、所涉及的管理与业务流程、所需要的条件和手段及各种内控制度等，以及风险事件发生之前、之中和之后应该采取的具体应对措施（包括外包方案）和所需的风险管理工具。

小　结

在市场竞争日益激烈、经济金融动荡日益加剧的复杂多变的环境中，公司面临的风险已经无处不在。公司风险具有普遍性、客观性、可变性、损失性，以及损失发生的不确定性。风险管理是从战略制定到日常经营过程中，试图将各类不确定因素产生的结果控制在预期可接受范围内的方法和过程。银行风险管理的核心功能就是通过银行将流动性的资产转化为流动性的负债的形式来实现的，它意味着银行既要重视经营风险，又要在权衡风险与回报的基础上承担合理的风险。风险管理就是要协调好盈利和安全的关系。在实际的业务操作过程中，具体来说就是处理好管理部门和前台业务部门之间的关系，在保证资金安全的基础上最大限度地提高资金利润率和资源的利用效率，而实现这个目标的前提是建立完善、合理的风险管理组织体系。

第二章

资本监管的理论基础

第一节 银行监管的必要性

银行监管是政府及其有关机构代表社会公众，对银行和其他银行业金融机构及相关金融市场实施的监督管理，包括银行监督和银行管制两层含义。政府监管银行的主要目的有两个：保护存款人利益和保持银行体系稳定。信息经济学和契约经济学的研究成果及其在金融机构和金融市场研究中的运用，为深入研究银行业的运转模式和运行规律提供了十分有效的理论工具。银行业与其他行业相比所具有的更高的外部性，银行业受自然垄断和政府管制影响形成的不完全竞争，以及由于银行业务活动较高的专业性等因素而引起的信息不对称，是世界各国认为需要对银行业进行更加严密监管的主要理论依据。

一、外部性

当一个经济主体的经济活动不仅给自身带来经济后果，而且给其他经济主体带来经济后果的时候，就产生了外部性。外部性不仅包括正外部性，也包括负外部性。正外部性是某个经济主体的经济活动使他人或整个社会受益，而受益者无须花费代价；负外部性是某个经济主体的经济活动使他人或社会受损，而这个经济主体却未曾为此承担成本。从银行业机构在整体社会经济中扮演的角色和它与其他经济主体的关系来看，正外部性是指银行业机构通过充当好资金交易的媒介、信息交流的通道和金融创新的平台，提高储蓄向投资转化的效率，促进社会资源的更优配置，增强国民经济的运行和发展能力；负外部性是指如果银行业机构经营不当，特别是引发挤兑等流动性风险，极易造成风险在银行业机构之间或整个金融市场上的迅速蔓延，从而使社会经济运行陷入混乱，动摇经济发展的根基，甚至给社会造成动荡。一方面，银行的资产负债结构与其他企业显著不同，银行采用以负债为核心资金来源的经营方式，资产负债率处于各类企业资产负债率的顶端。在有限责任体制下，如果银行经营失败，发生破产，银行股东遭受的损失将远小于债权人遭受的损失。因此，银行业与其他行业相比，存在更高的为了股东利益而牺牲债权人的道德风险。另一方面，与银行高资产负债率紧密联系的就是其抵御风险的脆弱性。银行资金来源主要为外部大量的个人、企业和其他金融机构的存款或同业存放资金，如果其经营失败，必将引起连锁反应，造成整个社会资金运转的不畅。与此同时，银行货币创造功能的顺周期性加剧了这种影响。人们普遍认为，在经济繁荣时期，借款人的资金需求越来越大，贷款人的贷款标准越来越低，这造成社会资金运行加速，整个社会金融资产和负债规模迅速增长。银行机构可以成为经济繁荣的加速器，同时也能为危机和萧条埋下了难以避免的祸根。一旦社会经济链条的某一个环节出现问题，引发银行的资产质量下降并转化为支付危机，即使只有一家银行因经营失败而破产，也会像多米诺骨牌一样在整个银行业迅速传播，并通过银行信用创造功能的下降和社会资金流转的受阻，迅速波及国民经济的其他部门，形成全面的金融危机或经济危机。正是基于银行极大的负外部性，政府必须对银行业进行强制性监管，以矫正单纯市场机制的不足。

二、不完全竞争

不完全竞争是由美国经济学家克拉克（J. M. Clark）针对完全竞争概念的非现实性提出来的，是指至少一个大到足以影响市场价格的买方（或卖方）的需求（或供给）曲线出现向下倾斜的情况。银行业存在巨大的规模经济现象意味着银行业具有一定的自然垄断倾向。这是因为，一方面伴随着银行规模的增大，银行的分支机构必然会增多，意味着银行能更充分地接近客户；另一方面，规模越大意味着银行的效益和信誉越好，这两方面都会为银行吸引更多的客户，在带来更多收益的同时，可能会使单位客户成本更低，从而就越有条件为客户提供更好、更安全、更便捷的服务，这又为银行吸引更多的客户提供了条件。这种因果效应的结果是规模大的银行收益越来越好，意味着银行业容易存在由于自然垄断而引起的不完全竞争。一旦某家银行占据了相当程度的市场份额，较低的单位客户成本、较高的客户转换成本等因素会提高银行业的进入壁垒，从而抑制竞争。银行业竞争的不充分将会影响行业的运行效率和价值创造能力，不利于增进社会的整体福利。除了自然垄断而导致的银行业不完全竞争外，政府对银行的经营许可管制和不尽科学的信贷规模配给行为也会加大银行业的竞争不充分程度。从整个金融体系来看，竞争的不充分阻碍了信贷资源在整个国民经济中的有效配置，影响了整个国民经济的运行效率。加强政府对银行监管的一个重要目的就是抑制银行业的过度垄断，促进银行业的公平竞争。

戴蒙德（Diamond）揭示了银行的规模收益是递增的。亚耐尔（Yanelle）证明在不存在存款保险的情况下，分散化经营的规模收益递增会导致多重均衡，规模经济效应会使得单一银行实现最优结果，但是一旦银行垄断了存款，它就可能会对企业滥用其市场力量。因此，自然垄断和不完全竞争的存在急需银行监管来调控。

三、信息不对称

学术界解释对银行进行监管的另一个重要原因是信息不对称。信息不对称是指信息在交易双方分布的不均衡性，在银行经营活动中具体表现为银行和存款人之间存在信息不对称，银行和贷款人之间也存在信息不对称。过度的信息不对称会引发道德风险和逆向选择，从而导致金融市场效率的下降，并且可能导致其他福利的损失。自 20 世纪 80 年代以来，信息不对称理论一直主导着银行监管理论的发展方向，是银行监管理论的重要基础。银行监管的信息不对称表现在以下两个方面。

第一，存款人与银行之间存在信息不对称。存款人是银行的重要利益相关者，但由于专业知识限制和银行信息披露不充分等原因，存款人对银行经营管理信息了解较少，在将资金存放到银行之前，他们并没有充足的信息对各家银行保证存款安全性和收益性的能力作出评估。另外，存款人将资金存入银行，期待具有足够的安全性、流动性和收益性，但是却不会因此自觉对银行的行为进行监督。这是因为，存款人如果为实现自身存款的安全性对银行进行监督，那么需要他自己承担起全部的监督成本，但由此产生的收益却会被全社会共享，即存在显著的“搭便车”效应。成本和收益的极端不对称使得个人基本没有为了自己相对银行总体规模来讲很少的存款而独立承担起对银行监督责任的意愿。在此情况下，如果没有其他的力量对银行的经营管理活动进行监管，银行有可能利用其所具有的信息优势和专业能力，为了自己的利益，从事违背存款人意愿的高风险性业务。

第二，借款人和银行之间存在信息不对称。在银行将吸收的资金作为贷款投放出去的时候，借款人掌握着比银行更多的信息。银行作为债权人，是借款人重要的利益相关者，但由于其处于与借款人相比相对的信息劣势，无法完全准确地评估借款人的经营状况、盈利能力、风险特征和诚信程度，可能导致其对借款人的过度授信。处于信息优势的借款人可能将获得的信贷资金投放到比银行评估的风险水平更高的项目上，或者隐瞒信贷资金的使用结果，恶意拖欠贷款，甚至以虚假项目骗取贷款，道德风险由此产生。另外，由于没有掌握足够信息，出于谨慎经营考虑，银行经常会选择那些社会普遍认为风险程度较低但利率也较低的贷款客户，而拒绝那些风险相对较高但利率也较高的贷款客户，尽管风险较高的客户能为银行带来更多的风险溢价，这就是银行经营中的逆向选择。

当存在诸如不完全竞争、外部性、信息不对称等因素时，单纯的市场运行无法实现资源的有效配置，就需要引入相应的政府监管，依法对市场进行干预，以提高社会的总体效率、降低经济失败风险。我国银行体制脱胎于计划经济，监管历史较短，现有的监管体制还存在不完善之处。因此，切实提高我国银行业的监管效率和经营效率，以应对金融深化和金融全球化带来的冲击，显得尤为重要和迫切。

第二节　银行主要监管制度

基于银行业的行业性质和其在国民经济中至关重要的地位，为防范和控制金融风险，世界各国探索出各种各样的银行监管制度体系，其中法定存款准备金制度、存款保险制度和法定资本充足率制度是维护银行体系稳定的三大基本制度。

一、法定存款准备金制度

法定存款准备金是指法律规定金融机构必须存在中央银行里的资金头寸。商业银行不能随意动用法定存款准备金来应对客户提现。法定存款准备金制度的诞生可以追溯到19世纪美国的自由银行业时代，其建立的初衷有两个。一是保持银行的流动性，从而在微观层面上保护存款人的利益。在实际运作中，法定存款准备金不仅可以用于银行间的彼此支付清算，还可以换取中央银行提供的两项服务：中央银行利用准备金账户向各商业银行提供支付服务，以及在银行发生流动性危机时中央银行提供信贷以维护支付系统的安全（此时中央银行扮演着最后贷款人的角色）。二是在宏观层面上统一货币发行制度，控制货币总量。法定存款准备金率的细微变化将导致货币乘数发生变化，进而使派生存款和总货币供应量发生巨大变化。由此，在经济极度衰退或者极度亢奋的时候，调整法定存款准备金率就成为中央银行的一个关键手段。法定存款准备金制度是国家调节经济的重要手段，是中央银行对商业银行的信贷规模进行控制的一种制度安排。

但是，随着支付清算体系的现代化及其他金融安全网措施的逐步完善，法定存款准备金在维持银行业稳定方面的功能逐渐淡化。不仅在保证商业银行支付能力方面，法定存款准备金的作用被大大弱化，在货币政策操作方面，法定存款准备金的功能也大大降低，其负面效应日渐凸现。在这种背景下，各国纷纷于20世纪90年代开始了法定存款准备金制度的改革。一种改革方向是取消中长期定期存款的法定存款准备金要求，并大幅度降低活期和支票存款的准备金率，典型的代表是美联储和欧洲中央银行。在法定存款准备金率大幅度降低之后，法定存款准备金的主要功能也发生了转变。目前，虽然规定法定存款准备金率要有保持银行流动性和控制货币量的功能，但是，其日常功能实际上仅仅是为了保证银行支付清算的要求。这种转变与银行业的核心功能变化也是相适应的。

二、存款保险制度

存款保险制度起源于 20 世纪 30 年代的美国。当时，经济的大萧条导致美国发生了大范围的银行业破产倒闭事件，为了保护存款人的利益，1933 年的银行法（格拉斯–斯蒂格尔法）批准成立了联邦存款保险公司，对加入联储体系的银行强制性地征收存款保险费，在银行面临倒闭危机之时，该机构将负责赔偿存款人的损失。存款保险制度的建立使得公众逐渐恢复了对银行业的信心，对于银行业的灾后重建发挥了关键性的作用。截至 2010 年 1 月底，全世界已有 109 个国家和地区建立了存款保险制度，另有 19 个国家或地区正在筹建。

存款保险制度是指吸收存款的金融机构必须或自愿地向存款保险机构投保，在金融机构丧失向存款人兑付存款的能力时，存款保险机构为金融机构提供资金，由金融机构兑付存款人的存款，或者由存款保险机构直接代表金融机构兑付存款人存款的一种制度安排。存款保险制度主要目的是保护存款人利益，本质在于将存款人和银行承担的风险通过支付一定数额保险费的方式，转移给存款保险机构。国外实践中，存款保险机构有官方设立、民间设立和官方与民间合作设立三种形式。按照功能划分，存款保险机构主要有单一付款和综合服务两种类型，单一付款型存款保险机构一般只经营存款保险业务，而综合服务型存款保险机构则经营包含存款保险在内的多种金融业务。存款保险有强制性投保、自愿性投保和按照存款的一定比例强制性投保三种情况。以美国为例，法律规定所有参加联邦储备体系的银行都必须为自己吸收的存款在联邦存款保险公司（FDIC）购买存款保险，而不参加联邦储备体系的州立银行和其他金融机构则可以根据自身意愿选择是否购买存款保险。

三、法定资本充足率制度

早期人们在判断商业银行的资本是否充足时，主要是简单地比较银行的资本总量与其经营规模是否相称，“资本/总资产”或“资本/总负债”是人们常用的两项指标，其功能是用来反映商业银行的经营规模对其自有资本的放大程度，即一定数量的自有资本撬动了多大的业务规模，因此也称为杠杆比率。杠杆比率尽管直观地反映了银行风险的大小，但它有一个致命缺陷，那就是它假设不同银行的资产具有相同水平的风险，而这显然远远偏离了银行业的现实。一个简单的例子就是，两家商业银行的自有资本和资产规模完全相同，其中一家商业银行的资产全部是国债或央行票据，而另一家商业银行的资产全部是信用等级不高的企业贷款，两家银行的杠杆比率相等，但前者的资本充足水平明显高于后者。为了更加精确地反映商业银行的风险水平和经营稳健程度，20 世纪 70 年代中期以后，衡量资本充足程度的更精细方法被引入银行监管领域，人们把商业银行的资产按风险程度进行细分，并赋予不同的权重，计算出加权风险资产，然后再与资本进行比较，使用资本与加权风险资产的比值来衡量资本的充足水平，并称之为资本充足率（capital adequacy ratio）。

商业银行的经营具有高风险性和负外部性，为避免单个银行的道德风险或经营不善而引发系统性的金融危机，监管部门逐渐要求商业银行必须持有一定数量的资本用于吸收非预期损失。资本充足率就是衡量商业银行持有的符合监管部门标准的资本与商业银行加权风险资产之间的比率，是监管部门为通过促进商业银行稳健经营而实现整体金融体系安全稳健的一项重要制度安排。20 世纪 80 年代后期，美国首开商业银行资本监管制度的先河，对银行资本的法定要求，开始逐步同银行的资产质量相挂钩。1988 年，国际清算银行发布的《关于统一国际银行资本衡量和资本标准的协议》（*Principles for the Supervision of Bank's Foreign Establishments*）规定，活跃的国际性商业银行的核心资本和总资本与加权风险资产的比例最低应分别达到 4%和 8%，其中商业银行的核心资本不能低于总资本的一半，即在资本总量中，附属资本不能超过核心资本。2004 年 6 月 26 日，巴塞尔委员会公布了新的资本协议，增加了对商业银行市场风险和操作风险的资本要求，将资本充足率计算公式的分母由加权风险资产改为“信用风险加权资产+12.5×市场风险资本要求+12.5×操作风险资本要求”，即要求因市场风险和操作风险引起的非预期损失也应有相应的资本支持，对商业银行资本充足水平的要求有了相应的提高。

自 2003 年以来，我国商业银行资本充足率达到巴塞尔协议规定的最低标准（8%）的数量逐年递增。2004 年，中国银监会印发了《商业银行资本充足率管理办法》，要求所有商业银行在 2006 年年底以前，资本充足率都要达到 8%，其中核心资本充足率要达到 4%。从 2008 年开始，我国上市银行的资本充足率全部达到了 8%的监管要求。

第三节　银行资本监管理论依据

一、公共利益理论

一般认为，银行资本监管理论的思想起源于公共利益理论。学者们对市场失灵和政府矫正措施的大量研究逐渐衍生出公共利益理论。经济学界普遍认同的观点是，政府管制是为了抑制市场失灵，纠正市场不完全性的缺陷，通过政府对单个市场主体行为的间接引导和直接干预，达到保护公共利益和增进社会福利的目的，即政府管制的“公共利益理论”。

以庇古和保罗·萨缪尔逊为代表的福利经济学对公共利益理论做了深入的研究。旧福利经济学以边际效用论为分析工具分析了市场失灵与政府干预，认为政府干预能够使经济资源配置达到最优和使社会福利最大化；新福利经济学以帕累托最优为标准，致力于分析市场缺陷，深入研究了政府干预的合理性。自 20 世纪 30 年代以来，西方资本主义频繁的经济危机充分证明了市场的不完全性，政府干预经济的思想逐渐受到青睐。

公共利益理论有三点基本假设：一是认为监管者是为公共利益服务的，二是认为监管者拥有完全信息，三是认为监管者具有完全的信誉。显然，公共利益理论肯定政府干预的有效性和合理性，认为自由竞争的市场机制不仅不能带来资源的最优配置，甚至还会造成资源的浪费和社会福利损失。为此，必须通过社会公共利益的代表者——政府在不同程度上介入经济过程，实施管制，以纠正或消除市场缺陷，从而改善“一般福利”，增进资源配置效率。从银行资本监管角度看，资本监管正是从社会公共利益出发，以政府为主体，通过对银行个体的经营活动进行管制，提高金融资源的配置效率，增进社会福利。

二、系统性风险理论

系统性风险理论是对银行进行监管的传统理论基础。1924 年，美籍奥地利理论生物学家 Bertalanffy 指出任何事物都处在一个有机的相互联系的系统中，强调必须把有机体当作一个整体或系统来研究。系统性风险理论为银行分析和处理银行与社会关系的各种问题提供了一种十分有用的方法，它使人们从整体的观点出发考虑银行所面临的各种风险问题。

很多学者严格区分了系统性风险（systemic risk）和系统风险（systematic risk）的概念，认为系统风险是市场固有的，不能通过投资组合分散，它对任意投资项目都同样存在，也称不可分散风险或剩余风险。早在 20 世纪 60 年代，美国斯坦福大学的 Sharp 就对系统风险做了微观意义上的解释，即证券市场中不能通过分散投资加以消除的风险，而对于系统性风险，国际上并没有统一的、普遍接受的定义。Rampini 将系统性风险定义为银行违约的相关性。Bandt 等提出可以从广义、狭义两个角度理解系统性风险：狭义的系统性风险核心在于传染性，风险可以从一个机构传到整个市场，再传到整个系统，进而还可能会影响到其他系统；广义的系统性风险包括了狭义的内容，还包括了逆向、广泛地影响许多金融机构或市场的系统冲击。美联储前主席 Bernanke 等从系统性风险危害范围大小的角度，将系统性风险定义为威胁整个金融体系及宏观经济，而非一两个金融机构稳定性的事件。Kaufman 等从风险传染的角度，将系统性风险定义为单个事件通过影响一连串的机构和市场，引发损失扩散的可能性。Minsky 等从金融功能的角度，将系统性风险定义为突发事件引发金融市场信息中断，从而导致金融功能丧失的或然性。十国集团从对实体经济影响的角度，将系统性风险定义为单个冲击事件导致部分金融体系信心崩溃、经济损失或不确定性增加，甚至对实体经济造成严重危害的风险。

可以看到，系统性风险具有传染性、突发性、外部性的特点，波及面可能很广并且破坏性可能很强。对银行系统性风险来说，它可能会对整个金融市场造成严重的破坏，以至于损害金融市场的基本功能，使经济遭受巨大破坏，而这种破坏还可能扩展至他国乃至于全球。因此，银行系统性风险是由银行业外部冲击造成的风险，是指一个事件在一连串的机构和市场构成的系统中，引起的一系列连续损失的可能性。

具体来说，银行的系统性风险主要分为：经济周期性波动风险、信用风险、市场风险、利率风险、货币风险、政策风险等。目前，信用风险仍然是银行系统性风险的主要表现形式，市场风险是银行新的风险点。信用风险是指借款人或交易对手不能按照合约履行义务而带来的风险；市场风险是指因市场价格（利率、汇率、股票价格和商品价格）的不利变动而使银行表内业务和表外业务发生损失的风险。银行面临的系统性风险是客观的，是不以人的意志为转移的。风险的存在可能会导致商业银行业绩的下滑和经营的不稳定，造成不良后果，甚至倒闭。随着高科技的日新月异，以及金融机构业务流程、金融工具、经营规模与范围的创新，银行业面临着不断变化的监管架构所带来的挑战。施行资本监管就是从制度安排上提高银行的抗风险能力。控制银行引发系统性风险的爆发点，是实现银行风险管理，建立和完善全面风险管理框架，全面和及时识别、计量、监测、缓释和控制风险的重要措施，也是提升银行业经营稳定性和整体绩效的必要环节。

三、激励相容理论

激励相容是信息经济学研究的问题之一，激励问题源于信息不完全下集体行动的利益冲突。1996 年的诺贝尔经济学奖得主威廉·维克里教授和詹姆斯·米尔利斯教授提出了“激励相容”的思想。他们认为，由于信息不对称、契约不完备等因素的存在，代理人的具体行为不可能完全按照委托人与代理人预先签订的契约进行，于是代理人与委托人的目标就可能会出现偏离。同时，由于委托人很难及时发现并完全掌握与代理人目标之间的显性和隐性偏离，并对代理人的行为按照自己的目标和意愿进行实时纠偏，于是就产生了代理人为了自己利益而损害委托人利益的情况。很显然，在这种委托代理问题中，委托人和代理人都是努力实现自身利益最大化的经济人，而代理人为了自身利益，甚至会不惜损害委托人的利益。为解决这种难题，委托人需要凭借所能掌握的信息，通过一定的奖励或惩罚激励代理人选择对委托人最有利的行动。哈维茨（Hurwiez）在管理机制设计研究中运用了“激励相容”原理。根据哈维茨的理解，理性人的假设决定了每个经济人都有自利的性质，他们在开展各种经济活动时会按照利己而非利他的原则行事，如果能够设计这样一种制度安排，使理性经济人的追求自身利益最大化的行为正好能够实现管理者所想要达到的企业价值最大化的目标，则这一制度安排就是一项“激励相容”的制度安排。

因此，激励相容就是指在信息不对称、契约不完备的情况下，保证代理人的自利行为能够与委托人的目标和意愿相一致，从而使委托代理双方的利益都能实现最有效增长。在面对如何奖惩代理人的问题上，委托人面临两种约束：一方面，只有在代理人履行合同的期望效用大于不履行合同的期望效用时，代理人才会履行合同，这种约束称为个人理性约束，又称参与约束；另一方面，代理人是理性的经济人，在委托人不能掌握代理人的信息时，代理人总会选择自身效用最大化的行动。因此，委托人为了实现自身效用最大化的目标，必须设计一种能够使代理人和委托人同时实现自身效用最大化目标的契约安排，这就对委托人与代理人之间的委托代理机制形成了约束，这种约束称为激励相容约束。

现代经济学和管理学的理论与实践均表明，在制度安排中有效运用激励相容原理，有助于协调个体与集体之间的利益冲突，使个体的行动路径和行动后果都能较好地顺应集体利益最大化的目标要求，促进个体利益与集体利益相一致，激励个体为集体多做贡献，达到个体与集体的共赢。从银行监管的层面看，银行监管的激励相容是指监管制度所涉及的各个成员的效用最大化目标（简称“成员目标”）与该项监管制度的总体目标（简称“制度目标”）保持一致的状态。简单来说，正如格林斯潘（Greenspan）对激励相容的监管所做的表述：激励相容的银行监管应当是符合作为银行监管代理人的商业银行及银行经理二者利益最大化目标的监管。

四、不完备契约理论

不完备契约理论，又称为不完全合约理论或不完全契约理论。该理论以合约的不完全性为研究起点，以财产权或（剩余）控制权的最佳配置为研究目的，分析企业理论和公司治理中控制权的配置问题。众多学者认为不完备契约导致了商业银行产生惧贷和惜贷的现象。由于仅仅依靠法律体系和行政手段保证契约实现的代价过于高昂，或者私有财产权在法律和行政方面得不到有效重视等原因，银行与借款人之间信贷契约的执行有时并没有足够保障，这就造成了外在契约不完备。另外，由于银行无法全面、及时了解借款人的所有信息，也就难以形成没有任何漏洞的信贷合同，借贷双方就很难通过预先设计的信贷合同保证双方意愿的完全落实，由此产生了内在契约不完备。不完备契约的存在要求有一种契约补偿机制对契约的不完备条款进行动态补救，从而保证契约的顺利实施和契约目标的实现。银行和政府之间同样也存在这样的情况：经济环境的复杂多变，使政府不可能建立一套足够完备、一成不变、适用于所有银行各种业务活动的监管指标体系，为保证银行监管目标的实现，政府在不断运用已有条件完善监管契约（监管条款）的同时，建立了一套促进银行遵守监管规则的契约补救机制，这将成为在契约不完备条件下实现监管目标的重要基础。

小　结

外部性、不完全竞争和信息不对称是银行业高风险的主要成因和需要外部监管的基本依据。针对银行业的行业性质和风险特点，世界各国形成了以法定存款准备金、存款保险和法定资本充足率为基本监管制度的各具特色的银行监管体系。法定资本充足率制度作为一项基本监管制度，其目的是保护社会公共利益，降低系统性风险，而建立完善的银行资本监管制度必须以公共利益理论、系统性风险理论和激励相容理论为理论基础。本章对银行监管的必要性、银行主要监管制度和银行资本监管的理论基础进行了评述，为研究的后续开展提供了基础理论逻辑。

第三章

资本监管制度演进

第一节　巴塞尔协议以前的银行资本监管

早在 17 世纪末期，现代商业银行就已经诞生了。英格兰银行的成立，标志着现代商业银行的开始。但是，20 世纪 30 年代以前，银行业务基本上遵循的是自由主义的发展原则，银行业务受到的限制是有限的、阶段性的，其中只有与中央银行职能相关的业务，特别是货币发行（银行券）业务受到了限制。例如，在英格兰银行成立后的两百多年内，英国其他银行从事的各项经营活动中，除了与中央银行职能直接相关的部分经营活动随着法律法规的完善逐步被英联邦限制以外，其余部分在相当长的时间内基本处于自由发展状态。英国政府关心的重点是纸币或者银行券的超量发行所导致的通货膨胀，以及相关问题的解决办法（主要包括货币的发行如何管理和当商业银行发生支付困难时谁来提供最后的资金支持），而对商业银行个体从事什么样的业务及其经营情况如何则很少进行关注和干预。

第一次世界大战之后，美国的实体经济和金融业都得到了迅速发展。1933 年格拉斯–斯蒂格尔法案的颁布，标志着美国开始对银行业实行全面管制。从 20 世纪 30 年代到 20 世纪 70 年代，美国陆续制定了一系列有针对性的法案，对银行的经营管理活动进行监管，使银行业的监督管理制度体系逐步形成。美国在此期间对银行的管制主要包括对银行存款利率实施管制、对银行业务实施管制、存款保险制度的实施、对银行设立和收购的限制、对银行持股公司扩张的限制，以及进一步完善金融监管机构、加强联邦储备职能、强化美国联邦储备体系在监管中的职责及确立其中央集权式的管理体系等。基于美国在银行监管方面的带头和引领，其他国家纷纷采取类似的监管措施。

20 世纪 70 年代至 20 世纪 80 年代，银行业最明显的特征是持续性地放松管制。受金融自由化理论的影响，学术理论界和金融实务部门要求放松银行监管的呼声日渐高涨，但与此伴随的是银行发生经营失败的次数不断增加，严重程度也日益加剧。20 世纪 70 年代后，富兰克林国民银行（Franklin National Bank）和赫斯塔特银行（Herstatt Bank）先后倒闭，几次重大的银行危机不断震撼美国和欧洲一些国家。据统计，仅在 20 世纪 80 年代，美国就有 1 100 家商业银行陆续破产，630 家储蓄贷款机构丧失偿债能力并向政府申请救助，近 14%的商业银行从此消失，几乎所有的大银行都曾因巨额的贷款损失而陷入困境。同一时期，美国与其他发达国家的商业银行迅速向东欧集团、拉丁美洲及其他发达国家扩展贷款业务。由于没有相应的监管，波兰和其他东欧国家先后发生了债务偿还危机，墨西哥和巴西政府也相继因无力偿还到期债务而不得不宣布延期偿还。这给发达国家有关商业银行的财务状况和经营成果造成了极大影响，对商业银行的经营安全造成了很大冲击，许多大银行的资本比率因此而降低。金融全球化促使银行国际业务不断增加，越来越多的银行开始跨国经营。由于各国在经济、政治、法律、文化等方面的差异，任何一个国家的银行监管机构都无力独自承担起对这些跨国银行的监管职责，因而客观上要求建立一种国际性的监管组织，通过各国银行监管机构的相互协调和联动，实施对跨国银行的有效监管。

巴塞尔协议出台之前，美国在银行资本监管方面始终走在世界的前列。20 世纪 70 年代末，美国由于银行资产内容的恶化和银行问题的增加，其监管部门在 1981 年制定了资本充足率指南，将资本充足率作为促进银行健全经营的手段，主要利用杠杆比率即自有资本与总资产的比率监控银行的支付能力。美国的资本充足率指南将资本分为初级资本和总资本。初级资本包括普通股、永久优先股、证券的评价收益和未分配利润、资本储备等，相当于巴塞尔协议的核心资本，而总资本是在初级资本的基础上增加非永久优先股等。

日本也一直积极探索通过资本充足率加强银行监管的方法，但其资本充足率概念一直比较混乱，且监管效果不佳。1954 年，日本提出根据自有资本与存款余额的比例计算资本充足率的方法（当时规定的资本充足率标准是 10%）；1986 年，又将资本充足率公式中的分母由存款余额改为总资产（当时规定的最低资本充足率为 4%）。但是，日本的银行资本充足率始终较低，难以达到规定的监管标准。同时，以美国为首的发达国家认为，日本的金融机构以较低的资本充足率来提高其在国际金融市场上的竞争能力，这对国外金融机构，尤其是美国的金融机构形成了巨大威胁。巴塞尔协议产生以前，不存在世界各国普遍认同的银行资本监管标准，但金融的全球化要求世界各国在银行监管方面进行协调。因此，作为全球统一监管指引的银行资本监管体系呼之欲出。

第二节 巴塞尔协议演进历程

从发展历程来看，巴塞尔协议经历了一个方法不断改进、内容不断更新、思想不断成熟的渐进和深化过程。因此，巴塞尔协议并没有一个明确的新旧分界点。学术界一般将 1988 年的巴塞尔协议称为旧巴塞尔协议（又称为《巴塞尔协议Ⅰ》），将 2004 年推出的巴塞尔协议称为新巴塞尔协议（又称《巴塞尔协议Ⅱ》）。巴塞尔协议自发布以来，一直被世界各国的银行监管机构所追随，并被视为对商业银行进行监管的最重要指引。然而，实践证明巴塞尔协议并没能有效阻止美国次贷危机和全球金融危机的发生和蔓延。巴塞尔委员会针对巴塞尔协议在全球金融危机中暴露出来的缺陷和有关各方的质疑，对巴塞尔协议进行了一系列的修订和完善，并于 2010 年正式推出了被业界称为《巴塞尔协议Ⅲ》的商业银行监管标准。

一、巴塞尔协议Ⅰ

1974 年，包括美国、英国、法国、德国、意大利、日本、荷兰、加拿大、比利时在内的十国集团和瑞士、卢森堡的中央银行代表在瑞士巴塞尔市成立了巴塞尔银行监管委员会（简称为巴塞尔委员会）。成立巴塞尔委员会的目的就是通过国际合作，预先防范和堵塞银行监管漏洞，提高全球银行监管水平。1975 年 9 月，巴塞尔委员会通过了《对银行国外机构的监管报告》（*Report on the Supervision of Bank's Foreign Establishments*），这是国际银行业监管组织第一次共同对国际银行实施监管，开创了巴塞尔委员会协调各国银行监管政策的先例。该报告的核心内容是规定任何签约国商业银行的国外机构都必须接受监管，母国和东道国都有对商业银行国外机构监管的义务。

1978 年 10 月，巴塞尔委员会发布了《综合资产负债表原则》，提出要基于银行或银行集团在各地所从事的全部业务，全面考察风险暴露、资本充足率、流动性、清偿能力等问题。

1983 年 5 月，巴塞尔委员会在对 1975 年的报告内容进行修改和细化的基础上，出台了《对银行国外机构的监管原则》（*Principles for the Supervision of Bank's Foreign Establishments*）。1983 年的监管原则和 1975 年的报告的核心内容基本相同，都以股权确定银行监管的主要责任，以市场确定银行监管的次要责任，跨国银行的监管以母国监管为主，东道国监管为辅，二者不存在实质性的差异。但是，1983 年的监管原则依然存在内容不够细化和规则不够明确的问题。对于商业银行的监管，1975 年的报告和 1983 年的监管原则都只制定了抽象的监管原则和母国与东道国之间的监管职责分配制度，而没有制定出具有较强可操作性的监管标准。因此，不同签约国对各自国家商业银行的监管仍然存在相当大的差异，没有形成协调一致的商业银行监管标准体系。

1988 年 7 月，巴塞尔委员会决议通过了《统一资本计量和资本标准的国际协议》（*International Convergence of Capital Measurement and Capital Standards*），即《巴塞尔协议Ⅰ》。至此，第一套相对健全、被各国认可、以加权方式衡量表内外风险、具有较强可操作性的商业银行资本充足率标准基本建立起来了。《巴塞尔协议Ⅰ》主要有以下特点。

（一）将监管资本分为核心资本和附属资本

将核心资本和附属资本分别按照各自吸收非预期损失能力的不同进行了明确界定。《巴塞尔协议Ⅰ》明确了核心资本包括实收资本、普通股、资本公积、盈余公积、未分配利润和少数股权，附属资本包括重估储备、一般准备、优先股、可转换债券和长期次级债务，并规定附属资本部分的比例不能超过核心资本部分的比例，即核心资本部分至少占全部资本的50%。

（二）对优先股的资本性质进行了区别

核心资本包括非累积优先股而不包括累积优先股。这是因为，对于由于当年盈利状况不好，而未能如期发放的累积优先股股息，商业银行在未来盈利状况转好时仍然有义务补发。因此，对累积优先股来说，商业银行不论经营状况如何，都有义务按照约定的股息率发放股息，只不过是盈利状况较好时，股息当年发放，盈利状况不好时，暂且形成商业银行的负债，当盈利状况转好时再行补发，因此起不到吸收非预期损失的作用。非累积优先股则不然，非累积优先股的股息必须当年结清，如果当年盈利不足以发放股息，也不形成商业银行以后发放股息的义务，因此非累积优先股在商业银行经营状况不好时，具有与普通股同样的吸收非预期损失的能力。

（三）对储备的资本性质进行了区别

商业银行在业务经营中为了应付未来的不确定情况，往往提取不同形式的储备。《巴塞尔协议Ⅰ》根据商业银行提取储备的性质和抵御风险能力的不同，将商业银行提取的储备划分为公开储备和非公开储备，分别归属于核心资本和附属资本。

公开储备是指在资产负债表上列示的，没有规定预期损失吸收用途的，可以完全用来吸收非预期损失的各项储备。这些储备主要通过留存盈余或其他股东权益事项产生，在资产负债表上为明确的普通股东权益项目，如资本公积、盈余公积、未分配利润等。

非公开储备是指没有在资产负债表上作为普通股东权益项目列示，而明确反映在损益账户上的具有非预期损失吸收能力的储备项目，如商业银行提取超过资产预期损失的贷款风险损失准备和非信贷资产减值准备等。

（四）提出了加权风险资产计算方法

《巴塞尔协议Ⅰ》较之前资本监管措施的一个重大进步就是明确了商业银行不同业务的风险权重，提出了加权风险资产的计算方法，使监管资本的计算更加准确。《巴塞尔协议Ⅰ》将商业银行信用风险业务划分为表内项目和表外项目。首先根据表内资产项目的性质、类别和承债主体信用等级的差异，将银行资产负债表的表内资产项目划分为100%、50%、20%和0%四个风险档次，风险越大，权重就越高。然后，用风险档次作为权重计算商业银行表内资产的加权风险资产规模。计算方法为

$$\text{表内项目折合加权风险资产} = \sum(\text{表内项目金额} \times \text{风险权重})$$

对于表外需要承担信用风险的项目，《巴塞尔协议Ⅰ》为商业银行的各种表外项目转换为表内项目确定折算系数（信用换算系数），在将表外项目转换为表内项目后，再使用与表内项目相同的方法计算出表外项目的加权风险资产。计算方法为

$$\text{表外项目折合加权风险资产} = \sum(\text{表外项目金额} \times \text{信用换算系数} \times \text{对应表内项目的风险权重})$$

表内项目折合加权风险资产与表外项目折合加权风险资产的总和就构成商业银行的总体加权风险资产，这将作为计算商业银行业务经营所需资本及其资本充足水平的依据。

（五）制定了资本充足率标准

《巴塞尔协议Ⅰ》规定，资本与加权风险资产的比率下限为8%，其中核心资本与加权风险资产的比率下限为4%，所有签约国中的国际活跃银行（International Active Banks）都应达到这个标准。由此，资本充足率为8%和核心资本充足率为4%的国际资本监管标准就被确定了。资本充足率是银行资本和银行加权风险资产的比值，核心资本充足率是银行核心资本和银行加权风险资产的比值。用公式表示是

$$\text{资本充足率}=\text{资本}/\text{加权风险资产}$$

$$\text{核心资本充足率}=\text{核心资本}/\text{加权风险资产}$$

《巴塞尔协议Ⅰ》的推行标志着商业银行深度风险管理时代的到来，反映了银行监管理念的突破性转变，使得监管视角和监管重心都有了根本性不同。银行监管的视角逐渐由从银行外部对其外在表现进行监管转变为从银行内部对其风险行为进行监管，银行监管的重心由注重商业银行母国与东道国之间的监管责任分配转变为将商业银行作为一个整体对其资本充足程度进行监管。此外，《巴塞尔协议Ⅰ》通过对资本的内涵和外延加以界定，建立了资本与风险两位一体的资本充足率监管机制，将资本变动监管与风险变动监管有机结合起来，体现了更加灵活、更加系统的监管思想。

鉴于《巴塞尔协议Ⅰ》新颖的监管理念和系统的监管方法，这个协议成为对国际银行业具有里程碑意义的监管体系。巴塞尔委员会此后发布的其他核心原则或补充规定等，都是在《巴塞尔协议Ⅰ》的基础上所做的持续补充和完善。然而，由于巴塞尔委员会没有超越国家主权的监管权力，签约国可以基于自愿的原则选择性遵从或采纳，因此《巴塞尔协议Ⅰ》的内容并没有法律效力，仅仅是国际银行业资本监管的最佳指引和各签约国开展银行资本监管活动的重要标杆，即《巴塞尔协议Ⅰ》的存在意义是在不干涉各国监管主权的情况下，逐渐引领全球银行监管向一致的理念和标准趋近。

二、巴塞尔协议Ⅱ

随着世界经济一体化、金融国际化浪潮的涌动，银行业务日趋多样化和复杂化，银行实践中出现了诸多新情况、新问题，使得1988年制定的《巴塞尔协议Ⅰ》逐渐难以应对，弊端逐渐显现。首先，《巴塞尔协议Ⅰ》只设定四个风险权重，使得资本充足率的风险敏感性不高；其次，由于没有具体的操作性强的计量标准，《巴塞尔协议Ⅰ》在计算信用风险的过程中，不能合理反映保证、抵押、质押等各种不同担保方式对表内外项目信用风险的缓释作用；再次，市场风险和操作风险可能造成非预期损失对资本的要求，这在《巴塞尔协议Ⅰ》中并没有体现；最后，《巴塞尔协议Ⅰ》对各家商业银行的监管标准整齐划一，没有考虑不同商业银行风险管理能力和水平的差别，虽然统一监管是在充分考虑各国银行水平差距的情况下提出的，但是在把国家分两组考虑的情况下，并没有考虑组内国家相互间的差别。因此，后期巴塞尔委员会对协议进行了长时期、大面积的修改与补充。

1991 年 11 月，巴塞尔委员会重新详细定义了可计入银行资本的普通准备金与坏账准备金，将用来弥补已确认损失的准备金排除在外，并规定用来吸收未来非预期损失的准备金可以计入监管资本中的附属资本。

金融实践表明，不同国家之间的国别风险不仅存在于经济合作与发展组织（OECD）的成员国与非成员国之间，OECD 成员国之间的国别风险也有所不同。为解决 OECD 成员国内部的国别风险差别问题，1994 年 6 月，巴塞尔委员会对投放于 OECD 各个成员国贷款的风险权重进行了重新评估，并根据评估结果对韩国、土耳其、墨西哥等国家的信用等级做了下调。

巴林银行的倒闭促使巴塞尔委员会认识到单纯依靠资本充足率并不能有效规避和防范金融风险。因为，在 1993 年年底，巴林银行的资本充足率还远远超过 8%，一直到 1995 年 1 月监管部门还认为巴林银行是一家经营稳健的银行，但到 1995 年 2 月便被宣告破产。1995 年 4 月，巴塞尔委员会针对在监管实践中发现的某些表外项目风险权重不准的问题，调整了一些表外项目的风险权重。1996 年 1 月，巴塞尔委员会发布了《资本协议关于市场风险的补充规定》（也被业界称为《巴塞尔资本金协议市场风险修正案》），提出了两种计量市场风险的办法，即标准法和内部模型法。标准法首先将市场风险分解为股票风险、利率风险、外汇风险、商品风险和期权价格风险，按照巴塞尔委员会确定的各种项目的市场风险计量参数，计算出每种项目市场风险的监管资本要求，汇总后形成商业银行的市场风险监管资本要求。内部模型法是商业银行内部开发的 VaR（value at risk）模型，用来计算商业银行承担市场风险的监管资本要求。内部模型法应用到银行资本监管有利于鼓励商业银行风险管理手段的创新，也是实现对商业银行进行差别监管的一个重要途径，但由于内部模型法的使用条件较为苛刻，该方法尚未在银行业得到普遍使用。

1997 年 7 月，东南亚各国爆发了较为严重的金融危机，引起了世界的关注和警惕，也促使巴塞尔委员会对银行业风险监管进行更深层次的研究。1997 年 9 月，巴塞尔委员会推出《有效银行监管的核心原则》，提出了以全面风险管理为理念的银行监管 25 条核心原则，构建了一个具有实质性意义的监管框架，但不足的是，对于更具操作性的监管办法和完整的计量模型，该原则并未明确提出。

1999 年 6 月，巴塞尔委员会公布了《新的资本充足比率框架（征求意见稿）》，首次提出了商业银行监管的三大支柱——资本充足率、监管部门的监督检查和信息披露，建立了银行资本监管新的框架，并准备用以取代 1988 年制定的《巴塞尔协议Ⅰ》。巴塞尔委员会对该框架进行了多轮调研和修改：2001 年推出了两个《新巴塞尔协议（征求意见稿）》；2002 年 10 月 1 日，又修改了资本协议建议，同时为了检验该建议对各国银行最低资本要求的影响，进行了新一轮调研。2004 年 6 月，十国集团审议批准了《统一资本计量和资本标准的国际协议：修订框架》，简称为《巴塞尔协议Ⅱ》。《巴塞尔协议Ⅱ》主要有以下两大特点。

（一）提出了商业银行监管的三大支柱

《巴塞尔协议Ⅱ》的第一大特点是提出了商业银行监管的三大支柱。在把最低资本要求作为第一支柱的基础上，增加了第二支柱——监管部门的监督检查和第三支柱——信息披露。

最低资本要求主要包括三个方面的内容：一是监管资本的定义，二是资本与加权风险资产的最低比率，三是加权风险资产。在《巴塞尔协议Ⅱ》中，监管资本构成的各项规定没有发生变化，银行的资本依然被划分为核心资本及附属资本两大类，资本与加权风险资产的比率仍要达到 8%，即最低 8%的资本充足率要求不变，但是在加权风险资产的界定和计算方面，加大了资本充足率的覆盖范围，明确了风险资产包括信用风险、市场风险和操作风险，在考虑加权风险时，综合考虑了市场风险、信用风险及操作风险。

信用风险的计量采取标准法、内部评级初级法、内部评级高级法。标准法是将不同种类的债权和不同的风险权重相对应，在充分考虑风险缓释的基础上计算风险暴露，最后计算出债权的加权风险资产；内部评级方法是通过充分考虑银行内部债权的历史数据信息，利用统计方法得出债权的违约损失率、违约概率、违约风险暴露和有效期限，通过这四个变量计算出五个级别的风险权重。内部评级高级法和初级法有较大的差异，主要表现在：采用初级法时，商业银行的违约损失率、违约风险暴露和有效期限指标由监管部门根据历史数据设立，商业银行自己仅仅计算自身的违约概率；采用高级法时，违约概率、违约损失率、违约风险暴露和有效期限四个变量都需要商业银行运用内部历史数据自行计算。

操作风险的计量采取基本指标法、标准法、高级计量法。基本指标法是以一家银行前三年总收入的平均值作为基本指标，然后乘以15%作为操作风险的资本要求，这是巴塞尔委员会统一规定的固定比例。标准法是将银行的业务分为 8 个产品线，然后分别用各个产品线的总收入乘以该产品线的操作风险资本需求系数（产品线的操作风险资本需求系数由监管部门规定），计算出该产品线的操作风险资本要求，最后将各个产品线的操作风险资本要求加和后即得到商业银行总的操作风险资本要求。其中，每个产品线的操作风险资本需求系数由巴塞尔委员会设定，具体数值在 12%～15%之间，代表了银行业每个产品线的操作风险平均损失经验水平和该产品线总收入水平之间的关系。高级计量法将操作风险损失事件根据损失产生的原因划分为：（1）外部欺诈；（2）内部欺诈；（3）客户、人力资源政策和工作场所安全性；（4）实体资产损坏；（5）产品及业务操作；（6）业务中断和系统失败；（7）执行、交割及流程管理。但是，这七类事件在操作风险资本要求的具体计算方法上并没有统一规定和要求。

《巴塞尔协议Ⅱ》的第二支柱是监管部门的监督检查。为了保证银行有充足的资本来应对业务中的所有风险，并且鼓励银行改革和创新风险管理技术，促使商业银行建立自己的内部风险评估机制，《巴塞尔协议Ⅱ》强调了商业银行对于风险监控的自主性，并提出不同的商业银行可以根据自身情况采取不同的内部风险控制方法，使监管更加科学、灵活，鼓励银行建立起科学有效的全面风险管理体系。

《巴塞尔协议Ⅱ》的第三支柱是信息披露。作为前两个支柱的补充，巴塞尔委员会提出并规定了一套信息披露办法，要求商业银行按照披露规范进行可靠、及时、全面的信息披露，提高信息披露透明度，保证市场参与者了解银行足够的业务信息、风险水平及其他和资本水平相关的信息，以便市场参与者据此做出合理的判断。信息披露主要涵盖了资本结构、资本充足率、适用范围、风险敞口与评估四个领域，《巴塞尔协议Ⅱ》就每一领域都制定了详细、具体的披露要求。关于信息公开频率，巴塞尔委员会建议最好每六个月披露一次，而对于时效性较强、重要性较高的风险信息，建议每三个月披露一次。对于未能按期进行信息披露的商业银行，应向社会公众和监管部门作出解释。

（二）提出了全面风险管理体系

《巴塞尔协议Ⅱ》的第二大特点是提出了全面风险管理体系。《巴塞尔协议Ⅱ》对商业银行所面临的风险进行了更加完整的描述，进一步认识到了商业银行所面临的风险是信用风险、市场风险和操作风险共同作用的结果，并将银行内部风险控制和外部监管有机结合，认为外部监管部门应积极深入了解商业银行的风险管理活动，对商业银行内部风险管理体系的健全性和有效性进行评估和检查。这一系列的改变顺应了商业银行业务结构和经营环境的变化。

尽管和《巴塞尔协议Ⅰ》比起来，《巴塞尔协议Ⅱ》有了很多方面的完善，但是《巴塞尔协议Ⅱ》仍然注重于监测和防范金融机构的个体风险及微观审慎监管，忽视了对系统性风险的监测与防范，而且在以后的研究中发现,《巴塞尔协议Ⅱ》的一些政策和工具仍然存在弊端。有些学者和研究机构对《巴塞尔协议Ⅱ》的诸多方面提出了质疑，如普华永道的研究人员对《巴塞尔协议Ⅱ》的主要贡献提出了质疑，对《巴塞尔协议Ⅱ》的要求是否能够代表银行业的先进风险管理水平，是否能够增强商业银行资本对风险的敏感度，以及是否能够提高整体金融行业对风险的敏感度等提出了质疑，表示还需要实践的进一步检验。

三、巴塞尔协议Ⅲ

自 2008 年以来，美国次贷危机引发的全球性金融危机已经造成世界各国众多银行破产或陷入困境，《巴塞尔协议Ⅱ》在商业银行资本监管方面的不足越来越多地被暴露在世人面前，也再一次证明了银行监管体系仍然存在诸多缺陷，亟须调整和完善。2010 年 9 月 12 日，全球 27 个国家和地区的央行与监管机构在瑞士经过多次讨论后，通过了加强银行体系资本要求的改革方案，即后来的《巴塞尔协议Ⅲ》，该协议已于 2011 年年初分阶段施行。2014 年，《巴塞尔协议Ⅲ》在政策制定和实施方面取得新进展，而净稳定融资比率（NSFR）修订方案的公布标志着国际统一的流动性风险定量监管标准正式确立。2015 年，巴塞尔委员会 27 个成员经济体均已发布实施新的资本监管规则。

《巴塞尔协议Ⅲ》在保留《巴塞尔协议Ⅱ》中的信用风险、市场风险、操作风险三大风险及其计量方法，最低资本要求、监管部门的监督检查和信息披露三大支柱，以及核心资本和附属资本内涵与范围界定的基础上，进一步修订完善了银行资本监管体系，努力在商业银行个体和银行业整体两个层面上，全面加强全球金融风险的监管。在商业银行个体层面，《巴塞尔协议Ⅲ》修订完善了原有资本监管要求，制定了流动性标准，特别是提高了对商业银行风险行为顺周期性的关注，要求商业银行通过建立逆周期储备来增强抗风险能力和在受到外部环境波动冲击时的恢复能力。在银行业整体层面，《巴塞尔协议Ⅲ》期望通过控制系统性重要银行的风险，降低商业银行个体风险对整个银行业的冲击，以对世界金融业的长期稳定和经济的持续增长发挥保障作用。

相对于《巴塞尔协议Ⅱ》，《巴塞尔协议Ⅲ》主要在以下方面做了完善。

（一）进一步细化了资本构成

《巴塞尔协议Ⅲ》严格界定资本，特别是核心资本的核算范围，强调资本应该是能够有效吸收的有形资本，提高了普通股在核心资本中的占比，强调将普通股作为有形资本的重要构成，明确要求普通股在核心资本中的比例应当在 2015 年以前达到 4.5%。《巴塞尔协议Ⅲ》从核心资本中剔除了未实现损益、商誉、无形资产、递延税务资产、少数股东权益、对非合并金融机构的投资、低面值且高市值股票的溢价、库存股等科目的全部或部分。在核心资本要求方面，《巴塞尔协议Ⅲ》增加了防缓冲资本储备和反周期准备资本两项新的内容，要求银行应留存不低于2.5%的普通股作为缓冲资本储备，允许监管部门在对GDP等宏观经济指标分析判断的基础上，依据经济过热或过冷等不同情况，要求商业银行提取0%～2.5%的反周期缓冲资本，但同时要求，一旦经济恢复正常运行，监管部门应及时取消对商业银行的反周期缓冲资本要求。反周期缓冲资本的提出，为商业银行应对因在经济高涨时期过度放贷而带来的风险提供了有力保障。

（二）提高了资本充足率要求

《巴塞尔协议Ⅲ》中，将总资本充足率的最低要求从8%提高到10.5%，提升了2.5个百分点；将普通股权益和加权风险资产的比率从2%提高到4.5%，提升了2.5个百分点；将核心资本充足率最低要求从4%提高到6%，提升了2个百分点。另外，对银行资本要求设定了进行微调的过渡时间，即2013年1月1日要达到阶段性目标，资本充足率要达到8%，核心资本充足率要达到4.5%，普通股权益和加权风险资产的比率要提高到3.5%，此后，每年核心资本充足率、普通股权益和加权风险资产的比率要在2013年的基础上提高0.5个百分点。《巴塞尔协议Ⅲ》对反周期缓冲的充足率要求则是从2016年开始，每年提高0.625%，4年后达到2.5%的水平。

（三）增加了资本监管维度

为了降低流动性风险，增强抵御金融风险的能力，《巴塞尔协议Ⅲ》增加了杠杆率、流动杠杆比率和净稳定资金来源比率作为资本充足率监管的补充，规定核心资本杠杆率的最低标准为3%，而流动杠杆比率应达到100%。杠杆率与资本充足率的主要区别是二者计算时的分母不同，计算杠杆率时以总资产为分母，而计算资本充足率时则把加权风险资产作为分母。为逐步发挥杠杆率指标的监管效果，《巴塞尔协议Ⅲ》暂定于2018年起正式将杠杆率纳入最低资本要求并实施监管。

第三节　我国银行资本监管演进历程

改革开放初期，中国银行、中国农业银行（以下简称农业银行）、中国工商银行（以下简称工商银行）、中国建设银行（以下简称建设银行）四家大型银行按专业分工开展业务，国家对专业银行承担无限责任，银行监管本质上属于行政管理的范畴。随着改革开放的深入，我国银行业基本形成了多元化、开放性、竞争型的银行业格局。截至 2014 年年底，我国银行业金融机构包括政策性银行（3 家）、大型商业银行（5 家）、股份制商业银行（12 家）、城市商业银行（133 家）、农村商业银行（665 家）、农村合作银行（89 家）、农村信用社（1 596 家）、邮政储蓄银行（1 家）、村镇银行（1 153 家）。此外，还有 4 家金融资产管理公司、41 家外资法人金融机构、1 家中德住房储蓄银行、68 家信托公司、196 家企业集团财务公司、30 家金融租赁公司、5 家货币经纪公司、18 家汽车金融公司、6 家消费金融公司、14 家贷款公司，以及 49 家农村资金互助社。2014 年，5 家民营银行获批筹建，其中 1 家开业，1 家设立了信托业保障基金公司。截至 2014 年年底，我国银行业金融机构共有法人机构 4 091 家，从业人数已达到 376 万①。

可以说，我国的银行业监管起步于 1984 年，因为当年中国人民银行开始专门行使中央银行职能，负责对银行业进行行业监管。1995 年，《中华人民共和国中国人民银行法》颁布实施，中国人民银行正式从法律意义上被赋予了依法审批金融机构业务、要求金融机构按规定报送报表、进行稽核检查监督、对违规行为进行处罚等一系列的监管权利，但从《中华人民共和国中国人民银行法》的法律界定和监管实践来看，这一时期银行业监管的主要内容是合规检查和市场准入，距具体而翔实的监管办法还相差甚远。

1994 年，在世界银行的帮助下，我国开始探索风险监管的新方法。同年，国务院出台了《关于金融体制改革的决定》，正式明确我国国家

---

① 数据来源于银监会年报。

专业银行应进行战略性转变，逐步转变为国有商业银行，并提出我国应建立以国有商业银行为主体的金融体系。为实现国有银行商业化，银行必须成为独立的市场竞争主体，以法人财产对外承担有限责任，并按照统一标准接受监管。同年，中国人民银行发布了《关于对商业银行实行资产负债比例管理的通知》，不仅提出了包括资本充足率在内的一系列管理指标，还参考1988年的国际资本协议明确了我国银行资本充足率的计算方法和最低要求。

为推进国有银行改革，1995年全国人大通过了《中华人民共和国商业银行法》，为国有银行商业化改革奠定了法律基础。1996年和1997年，中国人民银行先后两次对资本充足率计算方法进行了新的局部调整，调整后的方法一直沿用到2003年年底。1998年，中国人民银行开始推广贷款质量五级分类，信用风险渐渐成为监管的重点。但是，在我国当时的制度条件下，资本及资本监管的重要性并没有受到监管部门和国有银行的重视，即使参照国际资本协议提出了最低资本要求，也主要是为了推进和服务于国有银行战略转型，监管部门和银行主体都没有充分意识到风险管理的重要性。因此，严格意义上说，我国该时期的资本监管制度还很不成熟和完善。

2003年，为了促进我国银行业的稳健和合法运行，维护和提升公众对银行业的信心，《中华人民共和国银行业监督管理法》出台。该管理法成为维护良好金融环境，保护银行业公平竞争，提高银行业竞争能力的银行监管的基本法律依据。2003年4月，中国银行业监督管理委员会（简称银监会）成立，承担银行业金融机构的监管职责，在加强合规监管的基础上，逐步提高对银行业金融机构风险管理水平的重视程度。同年11月，银监会启动研发银行业金融机构监管信息系统的项目（“1104工程”），意在建立一套符合国际银行业监管规则，适合中国银行业实际情况的银行风险监管体系。同年12月，《中华人民共和国商业银行法（2003修正）》草案、《中国人民银行法（修正案）》、《中华人民共和国银行业监管管理法》同时出台，为2004年银监会发布《商业银行资本充足率管理办法》提供了法律依据。

2004年2月，银监会负责起草《商业银行资本充足率管理办法》

的小组借鉴国际成功经验，为建立符合中国国情的资本监管制度，发布了《商业银行资本充足率管理办法》。《商业银行资本充足率管理办法》主要包括以下内容：一是借鉴了《巴塞尔协议Ⅱ》的框架，引入了第二支柱和第三支柱的相关内容，即监管部门的监督检查和信息披露；二是按照1988年的资本协议，审慎研究并确定了商业银行各类资产的风险权重；三是充分考虑到随着我国商业银行规模的逐步扩大、银行交易品种的不断增加，以及市场风险的不断加大，将市场风险纳入资本监管框架；四是规定商业银行资本充足率的计算要以贷款损失准备金的充分计提为基础，且商业银行资本充足率的最低标准为8%。《商业银行资本充足率管理办法》对原来资本充足率计算方法进行了实质性修改，主要表现为以下三个方面：一是计算公式中，资本计量考虑了扣除项目，加权风险资产在信用风险资产的基础上，增加了市场风险折合的风险资产；二是从计算公式的分子上看，附属资本的计量改变了原来包括计提的全部准备金余额的做法，扣除了根据贷款损失程度计提的用于弥补专项损失的准备金；三是拓宽了商业银行监管资本的资金来源，将可转债和次级债务计入附属资本项目。《商业银行资本充足率管理办法》还提出了严格的资本监管措施和信息披露标准，初步构建了我国的银行资本监管制度框架，加强了我国银行业资本充足率监管，提升了商业银行防范风险的能力。虽然《商业银行资本充足率管理办法》充分借鉴和吸收了《巴塞尔协议Ⅱ》中有效银行监管的核心原则和制度框架，进一步细化了资本充足率要求，明确规定了资本充足率的具体计算方法、监督检查制度和信息披露规范，提高了资本监管的可操作性，完善了我国银行审慎监管体系，但其所体现的监管理念仍然停留在《巴塞尔协议Ⅰ》所确立的单一资本充足率考核指标上，没有全面考虑金融创新的因素，也没有充分考虑商业银行内外部经营环境的变化。

2005年，银监会出台了《关于商业银行发行混合资本债券补充附属资本有关问题的通知》，允许商业银行发行混合资本债券，并按照规定计入附属资本。同年，银监会还出台了《金融机构信贷资产证券化试点监督管理办法》《关于印发〈商业银行风险监管核心指标（试行）〉的通知》。其中，《金融机构信贷资产证券化试点监督管理办法》对商业银行从事信贷资产证券化业务的监管资本提出要求，提出从事信贷资产证券化业务的商业银行应当按照《商业银行资本充足率管理办法》和《金融机构信贷资产证券化试点监督管理办法》计算资本充足率。《商业银行风险监管核心指标（试行）》的通知中指出，商业银行风险监管核心指标是对商业银行实施风险监管的基准，是评价、监测和预警商业银行风险的参照体系。

为在我国逐步推行《巴塞尔协议Ⅱ》，银监会于2007年2月发布了《中国银行业新资本协议实施指导意见》，这标志着我国银行业实施《巴塞尔协议Ⅱ》的工作由研究论证逐步步入实施准备阶段。《中国银行业新资本协议实施指导意见》明确了在我国实施《巴塞尔协议Ⅱ》的指导原则、实施目标、实施方法、实施范围及实施的时间表。随着一系列改革的进行，我国商业银行资本充足率从极低水平（有的甚至为负数）逐渐提高到2011年年末“核心”和“一般”资本充足率分别达到10.2%和12.7%的水平，银行业核心资本积累达53 367亿元[①]。

自2007年以来，银监会印发包括《商业银行资本充足率监督检查指引》《商业银行资本充足率信息披露指引》《商业银行资产证券化风险暴露监管资本计量指引》《商业银行资本计量高级方法验证指引》，以及《商业银行市场风险资本计量内部模型法监管指引》等一系列资本监管方面的规章和规范性文件，有力促进了我国商业银行资本监管制度体系的不断完善。

2011年，银监会发布《中国银行业实施新监管标准指导意见》（以下简称《指导意见》)，业界称之为“中国版巴塞尔协议Ⅲ”。《指导意见》规定商业银行的核心资本充足率不得低于8%，核心一级资本充足率不得低于5%，一级资本充足率不得低于6%，并且引入了逆周期资本监管框架，增加了系统重要性银行的附加资本要求，并规定新标准实施后，正常条件下系统重要银行的资本充足率不得低于11.5%，非系统重要银行的资本充足率不得低于10.5%，中小银行的资本充足率须提高0.5个百分点。《指导意见》规定新资本监管标准从2012年1

① 数据来源于银监会年报。

月 1 日开始执行，系统重要性银行应在 2013 年年底以前达到新的资本监管标准，而非系统重要性银行应在 2016 年年底以前达到新的资本监管标准。对于资本充足率按期不能达标的银行，银监会将不允许其新设分支机构、开发新业务、推行新产品、税后利润分红、新年度贷款增长超过一定限制，甚至可能采取业内通报等严厉措施。《指导意见》还对存贷比[①]、流动性比率等流动性风险监管指标做了规定，提出净稳定融资比率、流动性覆盖率两大指标不得低于 100%，并且规定贷款拨备率不得低于 2.5%、拨备覆盖率不得低于 150%。

为进一步加强资本监管，2011 年 11 月银监会发布了《商业银行杠杆率管理办法》，对商业银行持有的、符合有关规定的一级资本与商业银行调整后的表内外资产余额的比率进行了规范，要求商业银行并表和未并表的杠杆率均不得低于 4%。我国银行监管规定与《巴塞尔协议Ⅲ》的比较结果，见表 3–1。

表 3–1　我国银行监管规定与《巴塞尔协议Ⅲ》的比较结果

指标体系	具体指标	我国银行监管规定	《巴塞尔协议Ⅲ》
资本充足率	核心一级资本	最低 5%	最低 4.5%
	一级资本	最低 6%	最低 6%
	总资本	最低 8%	最低 8%
	系统重要性银行附加资本	1%	1%～2.5%
	资本留存缓冲	2.5%	2.5%
	逆周期资本缓冲	0%～2.5%	0%～2.5%
杠杆率	核心资本/未加权表内外资产	最低 4%	最低 3%
拨备率	贷款拨备率	最低 2.5%	
	拨备覆盖率	最低 150%	
流动性	流动性覆盖率	最低 100%	
	净稳定融资比率	最低 100%	

① 2015 年 8 月 29 日，人大常委会表决通过了关于修改《中华人民共和国商业银行法》的决定，删去旧有《中华人民共和国商业银行法》中关于商业银行贷款余额与存款余额的比率（存贷比）不得超过 75%的规定，并将存贷比由法定监管指标调整为流动性风险监测指标。新规自 2015 年 10 月 1 日起施行。

2012 年 6 月，银监会在全面整合现有银行资本监管规章制度的基础上，出台了《商业银行资本管理办法（试行）》，并于 2013 年 1 月 1 日起施行，同时废止 2004 年印发的《商业银行资本充足率管理办法》①。《商业银行资本管理办法（试行）》在《中国银行业实施新监管标准指导意见》的基础上，要求商业银行应当在最低资本要求的基础上计提储备资本，并要求储备资本为加权风险资产的 2.5%。同时规定，商业银行应在 2018 年年底以前达到规定的资本充足率监管要求。

为配合《商业银行资本管理办法（试行）》的实施，2012 年 11 月银监会发布了《关于商业银行资本工具创新的指导意见》，用于规范商业银行通过创新资本工具补充监管资本的行为，对推进商业银行资本工具创新的基本原则、合格资本工具的认定标准，以及商业银行资本工具创新的工作机制提出了监管指导意见。

我国银行自实施资本监管以来，银行资本充足率总体状况逐年向好。图 3–1 给出了我国商业银行资本充足率达到 8%的银行数量：2003 年只有 8 家；2006 年达到 100 家；2011 年，390 家商业银行的资本充足率水平超过 8%；2012 年，509 家商业银行的资本充足率水平超过 8%；2013 年，629 家商业银行的资本充足率水平超过 8%。自 2013 年

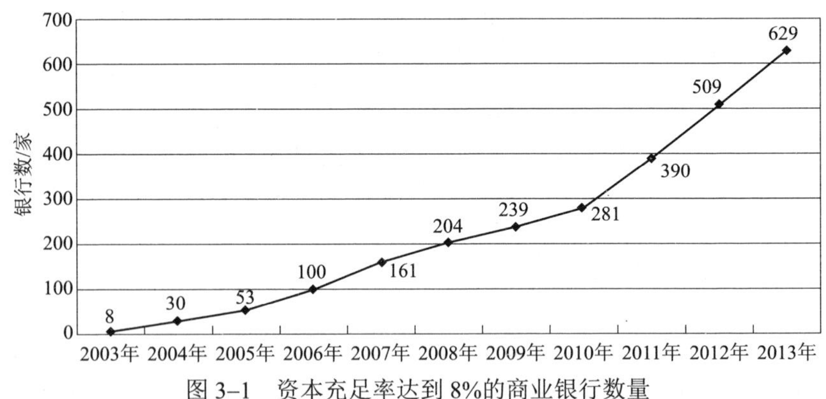

图 3–1 资本充足率达到 8%的商业银行数量

① 考虑监管规则与样本数据在时间、期间上的匹配性，本书在监管资本的计量方面仍然参照 2004 年印发的《商业银行资本充足率管理办法》。

起，我国商业银行开始正式执行《商业银行资本管理办法（试行）》。截至 2014 年年底，商业银行核心一级资本充足率为 10.56%，较年初上升 0.61 个百分点；一级资本充足率为 10.76%，较年初上升 0.81 个百分点；资本充足率为 13.18%，较年初上升 0.99 个百分点[①]。

小　结

巴塞尔协议是目前世界各国普遍接受的银行资本监管指引。本章分别介绍了巴塞尔协议以前的资本监管、《巴塞尔协议Ⅰ》《巴塞尔协议Ⅱ》《巴塞尔协议Ⅲ》。《巴塞尔协议Ⅰ》将监管资本分为核心资本和附属资本，对优先股的资本性质进行了区别，对储备的资本性质进行了区别，提出了加权风险资产计算方法，并制定了资本充足率标准；《巴塞尔协议Ⅱ》提出了商业银行监管的三大支柱及全面风险管理体系；《巴塞尔协议Ⅲ》进一步细化了资本构成，提高了资本充足率要求，增加了资本监管维度。

① 数据来源于银监会年报。

第四章

资本监管与银行风险行为

第一节 研究回顾

关于资本监管对银行影响的研究是一个新生事物，即使在西方发达国家，也只有 30 多年的历史。银行作为一类特殊的企业，其经营仍然遵循企业的一般规律，即从资金筹集到资金投放，再到最后经营效益的实现，因此资本监管对银行的影响可以从风险行为（资金投放）、融资行为（资金筹集）和综合绩效三方面进行研究。由于银行风险行为对宏观经济有着重要的潜在影响，而资本监管的基本目的是维护宏观经济的平稳运行，所以长期以来资本监管与银行经营的关系研究主要集中在银行风险行为方面。Kahane 最早对资本监管与银行风险行为的关系进行了研究，发现单独依靠对银行的资本比率监管或单独依靠对银行的资产组合监管，都无法有效遏制银行从事高风险的业务活动，只有将资本比率监管和资产组合监管有机结合起来，充分发挥二者的协同效应，才能实现较好的监管效果，有效降低银行的风险。Koehn 等和 Kim 等认为，固定的资本充足率要求将限制银行的风险–收益边界，从而诱使银行在降低信贷规模的同时，选择加权风险水平更高的资产组合。Shrieves 和 Dahl 选取 1 800 家在美国联邦存款保险公司投保的商业银行作为样本，对其资本变化和风险行为变化之间的关系进行了实证研究，研究发现这些商业银行的资本充足水平和风险资产规模之间存在相互促进的正相关关系。Furlong 和 Keely 研究发现，高资本充足率要求能够有效抑制商业银行从事高风险业务的冲动。Jacques和Nigro在Shrieves和Dahl提出的联立方程和局面调整模型的基础上做了进一步研究，也发现，根据商业风险水平制定的资本监管标准在提高银行资本充足水平的同时有效降低了银行的资产组合平均风险。Hancock和Wilcox通过对美国的银行业进行实证研究发现，资本充足率监管降低了银行的信贷供给。Diamond和Rajan，以及Chami和Cosimano发现，资本监管将导致信贷紧缩。Chiuri、Ferri和Majnoin通过对15个发展中国家的数据进行分析，认为资本充足率监管阻碍了发展中国家银行业的发展，特别是那些资本充足率较低的国家。但是，也有学者持不同观点。Jokipii和Milneb就美国银行业为应对风险变化而进行的资本缓冲短期调整进行了研究，发现当银行风险水平趋高时，银行往往通过资本的短期调整进行缓冲，即银行资本的短期调整和其风险水平的变化呈正相关关系。Iwatsubo认为，商业银行会根据可预期的未来资本水平提高当期的高风险资产配置。Keely和Furlong通过对美国和其他一些西方国家的数据进行研究发现，在1981—1986年间受到资本监管的银行的信贷紧缩状况并不明显。Rime对瑞士银行业的情况进行了研究，结果表明，商业银行为满足资本监管要求，当其实际资本充足水平较低时，往往采取增加核心资本的方式，而不是降低资产组合风险的方式来提高资本充足水平，因此尽管资本监管对商业银行的资本充足水平产生了重大影响，但对商业银行的风险行为的影响有限。从国外研究成果来看，资本监管与银行风险行为的关系存在正相关、负相关和不相关三种观点。

随着我国资本监管制度的建立和完善，国内对资本监管与银行风险行为关系的研究也在不断增多。黄宪、马理、代军勋研究发现，资本充足率监管与银行信贷风险偏好及其具体行为之间存在密切关系，资本充足率监管会改变银行的信贷风险偏好，促使其信贷行为更加保守，信贷规模受到抑制，授信政策更严格，具体反映为信贷资金更加集中于信用等级较高的高端客户，而中小企业获得贷款资金则更加困难。郭友、莫倩通过分析美国1989—1992年和中国1996—1998年间的信贷挤压过程对金融和实体经济部门的影响，研究了银行业在资本充足率约束下被迫进行的资产负债表调整对实体经济部门的影响。朱建武基于监管压力下的银行资本充足率和资产风险调整模型，对我国中小银行进行了实证研究，分析结果显示，监管压力并没有对我国中小银行的资本充足率调整和资产风险调整产生正向影响；银行资本和风险调整表现出内生性稳定趋势，但不收敛于合规标准。吴栋、周建平选取我国 4 家国有商业银行和资产规模在 1 000 亿元以上的 10 家股份制商业银行的年度面板数据，运用局部调整模型，对商业银行的资本水平变化、风险水平变化和以风险为基础的资本监管要求的关系进行了研究，发现以风险为基础的资本监管要求能够促进上述 14 家银行显著降低风险水平，但并没有明显提高上述 14 家银行的资本水平。王晓龙、周好文运用我国商业银行 2000—2005 年的年度面板数据，对银行业的风险和资本充足率变化进行了实证研究，发现对于资本充足水平已经达到最低监管标准的商业银行来说，资本监管能够促使其进一步提高资本充足率并降低经营风险，而对于资本充足水平低于最低监管标准的商业银行来说，资本监管并没有促使其提高资本充足率或降低经营风险，因此实施银行资本监管并不是我国商业银行经营风险水平下降的主要原因。张宗益、吴俊、刘琼芳对《商业银行资本充足率管理办法》实施后我国商业银行的风险和资本的关系进行了实证研究，发现商业银行的资本变动与风险变动呈显著的负相关关系，即提高资本充足率能够促进商业银行降低风险水平。吴俊等通过对我国 12 家商业银行进行实证研究发现，在强制性的外部资本监管条件下，商业银行的资本变动和风险变动呈显著的负相关关系，最低资本监管要求对资产风险变动的影响不太明显，但能够有效促使商业银行提高资本充足水平；资产规模较大的商业银行与资产规模较小的商业银行相比，具有更高的资本充足率和风险管理水平，但盈利能力对商业银行资本充足水平变动的影响不明显。曹艳华通过研究发现，当股份制商业银行的资本充足率小于 8%时，外部资本监管的惩罚压力会促使其显著降低资产风险水平，但对于城市商业银行来说，不论其资本充足率是否低于 8%，外部资本监管都能促使其显著降低资产风险水平，而其具体风险行为却表现出一定的稳定性，与资本充足水平关系不大。

江曙霞、任婕茹运用局部调整联立方程组模型，选取美国银行业1998—2007年的数据，对在资本监管压力下商业银行的风险变化与资本调整之间的关系进行了实证研究，发现资本监管为不同的银行带来了不同的后果，对资本充足率较低的银行监管效果明显，而对资本充足率较高的银行，由于资本监管为其提供了更大的监管套利空间，因而监管效果不明显；另外，还发现表外业务显著影响了商业银行资本和风险水平的调整。陈冠华、杨晓奇选取了12家商业银行2004—2007年的数据，通过对资本监管和商业银行风险的实证分析，发现资本变动和风险变动呈负相关关系。陈彩、朱博文运用我国2006—2009年34家商业银行的127个面板数据，对资本约束、治理机制对银行风险承担的影响进行了实证研究，研究发现银行的风险主要与银行的治理机制有关，与银行的资本约束无关。蒋海、王丽琴运用局部调整模型和三阶最小二乘法（3SLS），研究了金融危机对资本充足率监管和商业银行风险承担行为的影响，发现金融危机进一步提升了商业银行资本监管的效果，但与之同时也使商业银行在风险承担方面更加激进，而金融危机并没有使商业银行资本变化与风险变化之间的关系发生明显改变。魏晓琴、张娜、丛红媛通过研究发现，商业银行资本充足率的变化会引起资本结构的变化，从而对风险资产产生影响，而风险资产的变化又会对资本充足率产生影响，因此资本充足率、资本结构、风险资产三者之间是一种互动关系。曾刚、李广子、谢玮考察了我国资本充足率水平与银行信贷增长之间的关系，发现银行资本充足率水平对其贷款行为有显著的影响，但是这一影响存在一定的滞后期，即资本充足率变动将在3个季度后对银行的贷款行为产生显著影响，且在6个季度后这一影响的程度达到最大值。杜荣耀、胡海鸥通过研究发现，准备金率对贷款规模的控制作用已经弱化，而资本充足率对贷款规模的控制作用趋强。

从国内外研究成果来看，关于资本监管与银行风险行为之间的关系有很多不同的结论，产生这种现象的原因可能是样本时间范围的选取、风险变量的选择不同，或者是指标度量方法不同。因此接下来，本部分研究将选取我国16家上市商业银行2006年至2014年的相关数据①，全面分析包括不良贷款率在内的7个风险指标，以充分衡量和考察资本监管对商业银行风险行为的影响。

第二节　资本监管与银行风险行为实证研究

本部分研究选取16家上市股份制商业银行作为样本，这16家银行是中国银行、工商银行、建设银行、交通银行、农业银行、光大银行、招商银行、浦发银行、北京银行、华夏银行、民生银行、南京银行、宁波银行、平安银行、兴业银行、中信银行，样本数据来自于这16家上市银行公开披露的2006年至2014年的相关数据。

一、变量选择和模型构建

（一）资本（CAP）及资本变动（ΔCAP）

在判断银行的资本是否充足时，早期的做法主要是把银行的资本和经营规模相比较，即用资本与总资产或总负债的比值衡量银行经营者对资本的放大作用，也称为杠杆比率，杠杆比率过高意味着资本相对不足。但是，杠杆比率指标的明显缺陷是没有考虑银行资产的风险大小。比如，若两家银行具有相同杠杆比率，但是一家银行持有的资产全部是国库券，而另外一家银行持有的资产全部是房地产贷款，很明显，持有国库券的银行的资本要比持有房地产贷款的银行的资本相对要充足。本部分的资本变量采用上市银行年报中公布的资本充足率，用资本的一阶差分表示资本变动。

用B代表银行，T表示时期，$\Delta \mathrm{CAP}_{\mathrm{B},T}$表示银行B在$T$期的资本变动水平，则有

$$\Delta \mathrm{CAP}_{\mathrm{B},T} = \mathrm{CAP}_{\mathrm{B},T} - \mathrm{CAP}_{\mathrm{B},T-1} \tag{1}$$

---

① 为了保证统计口径的一致性，研究中选取实施新会计准则后的相关数据。虽然金融机构从2007年开始全面实施新会计准则，但是在披露2007年财务报告时均根据新会计准则对2006年的财务报告进行了重述，因此，本书选取了16家上市银行2006年至2014年的相关数据进行研究。

式中，$CAP_{B,T}$ 与 $CAP_{B,T-1}$ 分别表示 T 期银行 B 的资本水平与 T–1 期银行 B 的资本水平。

银行资本变动由内生因素和外生因素两部分构成，所以有

$$\Delta CAP_{B,T} = \Delta CAP_{B,T}^{i} + \varepsilon_{B,T} \tag{2}$$

式中，$\varepsilon_{B,T}$ 是资本变动的外生因素，是银行资本变动不可控的随机因素；$\Delta CAP_{B,T}^{i}$ 是资本变动的内生因素，是银行目标资本水平与上一期资本水平之间的差额，即

$$\Delta CAP_{B,T}^{i} = \alpha(CAP_{B,T}^{O} - CAP_{B,T-1}) \tag{3}$$

式中，$1>\alpha>0$，$CAP_{B,T}^{O}$ 为银行 B 在 T 期的目标资本水平。

综合（2）（3）式，则有

$$\Delta CAP_{B,T} = \alpha(CAP_{B,T}^{O} - CAP_{B,T-1}) + \varepsilon_{B,T} \tag{4}$$

可见，T 期的银行资本变动水平是本期目标值、上期实际值和外生变量的函数。

（二）风险（RISK）及风险变动（ΔRISK）

用 B 表示银行，T 表示时期，$\Delta RISK_{B,T}$ 表示银行 B 在 T 期的风险变动水平，则有

$$\Delta RISK_{B,T} = RISK_{B,T} - RISK_{B,T-1} \tag{5}$$

式中，$RISK_{B,T}$ 与 $RISK_{B,T-1}$ 分别表示 T 期银行 B 的风险水平与 T–1 期银行 B 的风险水平。

银行风险变动由内生因素和外生因素两部分构成，所以有

$$\Delta RISK_{B,T} = \Delta RISK^{i}{}_{B,T} + \varepsilon'_{B,T} \tag{6}$$

式中，$\varepsilon'_{B,T}$ 是风险变动的外生因素，也是银行风险变动不可控的随机因素；$\Delta RISK^{i}{}_{B,T}$ 是风险变动的内生因素，是银行 B 在 T 期的目标风险水平与 T–1 期风险水平的差额，即

$$\Delta RISK_{B,T}^{i} = \beta(RISK_{B,T}^{O} - RISK_{B,T-1}) \tag{7}$$

式中，$1> \beta >0$，$RISK_{B,T}^{O}$ 为银行 B 在 T 期的目标风险水平。

综合（6）（7）式，则有

$$\Delta \text{RISK}_{\text{B},T} = \beta(\text{RISK}^{\text{O}}_{\text{B},T} - \text{RISK}_{\text{B},T-1}) + \varepsilon'_{\text{B},T} \tag{8}$$

可见，T 期的银行风险变动水平是本期目标值、上期实际值和外生变量的函数。

多数学者的相关研究中用不良资产占比作为风险度量的指标，而本书认为由于监管部门要求银行降低不良资产占比以降低风险，因此该指标在很大程度上体现了监管要求下的人为调整，不利于充分研究风险的真实变化。因此，本部分研究中的风险变量除采用不良资产作为风险指标之外，还采用了拨备覆盖率、佣金收入占比、加权风险资产占比、贷款集中度、贷款及垫款收息率、贷款总额准备金率等指标，用风险的一阶差分表示风险变动（ΔRISK）。

1. 拨备覆盖率

该指标是银行贷款减值准备余额与不良贷款余额的比值。拨备覆盖率是衡量上市银行财务是否稳健，风险是否可控，贷款损失准备金计提是否充足的一个重要指标。如果上市银行的贷款产生了 10 万元坏账，而公司正好计提了 10 万元作为坏账准备金，那么银行的拨备覆盖率就是 100%，而如果产生 20 万元坏账，那么银行的拨备覆盖率就是 50%。该指标值越高，表明银行经营越保守，风险越低，最佳状态为 100%，即银行计提的贷款减值准备余额正好等于银行现有贷款将来发生的坏账损失。如果拨备覆盖率低于 100%，即计提不足，存在准备金缺口；如果拨备覆盖率高于 100%，会出现拨备金多余，利润虚降的情况。拨备覆盖率指标是反映业绩真实性的一个量化指标，可以从宏观上反映银行贷款的风险程度及社会经济环境、诚信等方面的情况。

2. 手续费及佣金收入占比

该指标是手续费及佣金净收入占营业收入的比重。手续费及佣金净收入占营业收入比重指标反映的是上市银行中间业务的发展情况，也体现了上市银行收入结构的变化。上市银行与手续费及佣金收入相联系的业务不需要占用银行资金或占用银行资金较少，所以风险较低。自从商业银行提出向中间业务转型以来，中间业务发展异常迅速，已成为各大商业银行竞相抢占的新的利润增长点，但同样也表现出参差不齐的局面。利用该指标一方面能够体现在资本监管的条件下，上市银行实现风险规避、实施战略转型的程度，另一方面也可以通过上市银行收入结构的变化反映银行对待风险的态度。

3. 加权风险资产占比

该指标是银行加权风险资产和银行总资产的比值，即加权风险资产占总资产的比率。该指标越高，反映银行在资产规模相同的情况下，面临的风险越大。该指标表征了银行的风险偏好和现实风险状况，是对银行风险行为的有效度量指标。

4. 贷款集中度

该指标用银行最大十家单一客户贷款在所有客户贷款中的比重表示。一般来说，银行的贷款集中度越高，意味着银行面临的风险越大。当一家银行贷款过于集中于某一个行业、地区、客户或贷款类型时，该银行就会面临较高的贷款集中度风险。我国监管部门要求银行单一客户授信不得突破资本净额的 10%、集团客户授信不得突破资本净额的 15%、全部关联度及全部关联方授信总额不得超过资本净额的 50%。因此，利用最大十家贷款客户的贷款比例表征的贷款集中度指标一般不应超过银行净资本的 50%。

5. 贷款及垫款收息率

该指标是银行当年利息收入除以贷款平均余额的比值。在竞争较为充分的市场环境下，风险与收益正相关，高风险意味着高收益，高收益也往往意味着高风险。较高的贷款及垫款收息率意味着银行当年利息收入也较高，同时面临的风险也较高，因此用银行当年利息收入与贷款平均余额的比值能够表现银行的风险偏好和信贷业务的潜在风险大小。

6. 贷款总额准备金率

该指标是银行贷款减值准备余额和客户贷款及垫款总额的比值。贷款总额准备金率可以反映银行未按风险分类计量的综合风险考核指标。提高贷款总额准备金率可以有效约束贷款的发放数量，提高银行的抗风险能力。

7. 不良资产率

不良资产是指银行尚未处理的资产净损失和潜亏挂账，以及按财务会计制度规定应提未提资产减值准备的各类资产预计损失。不良资产率是指银行不良资产占全部资产的比率。由于银行的不良资产主要是指不良贷款，因此，不良资产率也可用不良贷款率表示，即不良贷款余额除以客户贷款及垫款总额。

（三）监管压力（CAPLOW、CAPHIGH）

一般认为，资本监管压力会显著影响资本充足率处于最低监管标准附近的商业银行的行为，特别是资本充足率略低于监管标准的商业银行，会尽快补充监管资本并同时降低加权风险资产规模。本部分采用 Shrieves 和 Dahl 对监管压力的定义，选取 CAPLOW 和 CAPHIGH 两个变量反映资本监管压力对银行风险行为的影响，$\mathrm{CAPLOW}_{\mathrm{B},T}$、$\mathrm{CAPHIGH}_{\mathrm{B},T}$分别表示银行 B 在 T 期的情况，并且设定：

当银行资本充足率低于 8%的最低监管要求时，$\mathrm{CAPLOW}_{\mathrm{B},T}=1/\mathrm{CAP}-1/8\%$，否则，$\mathrm{CAPLOW}_{\mathrm{B},T}=0$；

当银行资本充足率高于 8%的最低监管要求时，$\mathrm{CAPHIGH}_{\mathrm{B},T}=1/8\%-1/\mathrm{CAP}$，否则，$\mathrm{CAPHIGH}_{\mathrm{B},T}=0$。

2012 年 6 月 7 日，中国银监会发布《商业银行资本管理办法（试行）》（以下简称《资本办法》），该办法从 2013 年 1 月 1 日起正式施行，规定：对于系统重要性银行，银监会要求于 2018 年 12 月 31 日其核心一级资本充足率不得低于 8.50%，一级资本充足率不得低于 9.50%，资本充足率不得低于 11.50%；对于非系统重要性银行，银监会要求于 2018 年 12 月 31 日其核心一级资本充足率不得低于 7.50%，一级资本充足率不得低于 8.50%，资本充足率不得低于 10.50%。《资本办法》扩大了风险覆盖范围，提高了监管资本的风险敏感性，对资本计量更加审慎。但是在研究中，除中信银行（2014 年）、平安银行（2014 年）、交通银行（2013 年、2014 年）外，其他银行均采用旧法计算，即根据《商业银行资本充足率管理办法》等相关规定计算。根据旧法计算资本充足率时，不能与新算法作直接比较，为了保证可比性，在本章及后续的研究中剔除了中信银行（2014 年）、平安银行（2014 年）、交通银行（2013 年、2014 年）这几项数据。

（四）规模（SIZE）

一般认为，商业银行规模越大，投资机会就越多，管理风险的能力也就越强，即银行规模与银行风险之间存在某种联系，银行规模能影响银行的目标资本充足率和实际风险水平。因此，用银行规模作为模型中的控制变量，考察银行资产规模对资本充足率和风险水平调整的规模效应。本书中用银行总资产的自然对数（ln(Asset)）表示该变量。

接下来，借鉴 Shrieves 和 Dahl 于 1992 年提出的联立方程模型和局部调整模型，运用表 4–1 定义的各项指标，构建资本监管和银行风险行为的实证模型，如下：

$$\Delta CAP_{B,T}=a_0+a_1\Delta RISK_{B,T}+a_2CAPLOW_{B,T}+a_3CAPHIGH_{B,T}+a_4CAP_{B,T-1}+a_5SIZE_{B,T}+\varepsilon_{B,T} \quad (9)$$

$$\Delta RISK_{B,T}=b_0+b_1\Delta CAP_{B,T}+b_2CAPLOW_{B,T}+b_3CAPHIGH_{B,T}+b_4RISK_{B,T-1}+b_5SIZE_{B,T}+\varepsilon'_{B,T} \quad (10)$$

其中，$\varepsilon_{B,T}$ 是资本变动的外生因素，$\varepsilon'_{B,T}$ 是风险变动的外生因素。

表 4–1　各变量指标说明

指标名称	指标代码	指标说明
资本	CAP	用资本充足率表示；$CAP_{B,T}$表示银行 B 在 T 期的资本充足率
资本变动	ΔCAP	用资本充足率的一阶差分表示；$\Delta CAP_{B,T}$表示银行 B 在 T 期的资本变动水平，是该银行 T 期和 T–1 期资本充足率的差
风险	RISK	风险指标分别采用拨备覆盖率、佣金收入占比、加权风险资产占比、贷款集中度、贷款及垫款收息率、贷款总额准备金率
风险变动	ΔRISK	用风险指标的一阶差分表示；$\Delta RISK_{B,T}$表示银行 B 在 T 期的风险变动水平，是该银行 T 期和 T–1 期某风险值的差
拨备覆盖率	^{1}RISK	（银行贷款减值准备余额/不良贷款余额）×100%

续表

指标名称	指标代码	指标说明
手续费及佣金收入占比	$^{2}RISK$	（手续费及佣金净收入/营业收入）×100%
加权风险资产占比	$^{3}RISK$	（加权风险资产/总资产）×100%
贷款集中度	$^{4}RISK$	银行最大十家单一客户贷款比例
贷款及垫款收息率	$^{5}RISK$	（利息收入/贷款）×100%
贷款总额准备金率	$^{6}RISK$	（贷款减值准备余额/客户贷款及垫款总额）×100%
不良贷款率	$^{7}RISK$	（不良贷款余额/客户贷款及垫款总额）×100%
监管压力	CAPLOW、CAPHIGH	当资本充足率低于8%时，CAPLOW=1/CAP−1/8%，否则，CAPLOW=0；$CAPLOW_{B,T}$表示银行B在T期的值；当资本充足率高于8%时，CAPHIGH=1/8%−1/CAP，否则，CAPHIGH=0；$CAPHIGH_{B,T}$表示银行B在T期的值
规模	SIZE	银行总资产的自然对数（ln(Asset)）；$SIZE_{B,T}$表示银行B在T期的规模
资产	Asset	银行年末资产余额

二、基础数据分析

（一）样本银行和银行业整体水平比较

截至2014年年底，我国银行业共有3家政策性银行、5家大型商业银行、12家股份制商业银行、133家城市商业银行、665家农村商业银行、89家农村合作银行、1 596家农村信用社、1家邮政储蓄银行和1 153家村镇银行。为检验样本银行的代表性，研究将样本银行和银行业金融机构的资产总额进行了比较（表4–2）。从表4–2可以看出，从2006年到2014年，样本银行和银行业金融机构资产总额均逐年增长，在选取样本数据的年度中，样本银行资产总额均占到了银行业金融机构资产总额的 60%以上，因此样本银行基本能够代表中国银行业的总体情况。

表 4–2　样本银行和银行业金融机构资产总额比较①

年份	样本银行/百万元	银行业金融机构/百万元	样本银行占比/%
2014	108 000 000.00	172 300 000.00	62.68
2013	96 601 385.00	151 400 000.00	63.80
2012	87 136 227.00	133 600 000.00	65.22
2011	74 495 381.43	113 300 000.00	65.75
2010	63 836 213.44	95 300 000.00	66.98
2009	54 053 670.00	78 800 000.00	68.60
2008	42 777 620.00	62 400 000.00	68.55
2007	35 884 911.54	52 600 000.00	68.22
2006	30 680 796.00	43 950 000.00	69.81

样本银行和商业银行整体资本充足率水平的比较如图 4–1 所示。2003 年我国仅有 8 家商业银行资本充足率满足监管要求，2006 年有 100 家商业银行达到了 8%，资产占比为 77.4%。2007 年、2008 年、2009 年、2010 年、2011 年、2012 年、2013 年和 2014 年商业银行整体平均资本充足率水平分别达到了 8.40%、12.00%、11.40%、12.20%、12.71%、13.25%、12.19%和 13.18%②。相比较而言，样本银行 2006 年资本充足率均值为 10.39%，样本银行中只有光大银行和平安银行 2006 年未达到监管水平 8%的要求（农业银行未披露），中国银行和工商银行较高，分别达到了 13.59%、14.05%；2007 年、2008 年和 2013 年，样本银行的资本充足率均值分别为 14.06%、12.86%、12.23%，高于商业银行整体水平，但是 2009 年、2010 年、2011 年、2012 年、2014 年样本银行

① 资料来源：根据上市银行年报及银监会年报数据整理。

② 银监会年报没有披露 2006 年商业银行资本充足率整体水平，故出现了缺失值。

和商业银行大致相当，但是略低于商业银行整体水平。

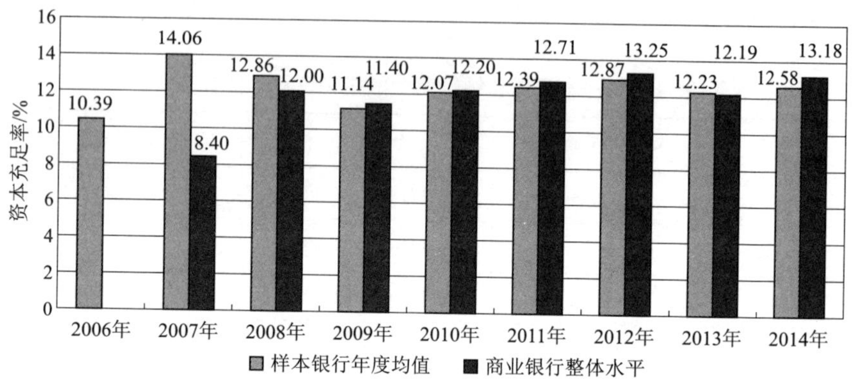

图 4–1 样本银行均值和商业银行整体资本充足率水平比较①

商业银行资本充足率、拨备覆盖率、不良贷款率整体水平情况，见表 4–3。样本银行有关指标的年度平均值情况，见表 4–4。从以上两表可以看出，样本银行资本充足率水平虽有波动，但是整体呈上升趋势；样本银行不良贷款率总体上呈逐年下降趋势，但是 2014 年又有所回升；商业银行整体不良贷款率水平总体上呈逐年下降趋势，2014 年也有所回升；样本银行手续费及佣金收入占比、拨备覆盖率总体上呈逐年上升趋势，并且样本银行的拨备覆盖率水平要高于商业银行整体水平，说明样本银行的风险意识和抗风险能力都比较强。

表 4–3 商业银行资本充足率、拨备覆盖率、不良贷款率整体水平②

年份	资本充足率/%	拨备覆盖率/%	不良贷款率/%
2014	13.18	232.10	1.25
2013	12.19	282.70	1.00
2012	13.25	295.50	0.95
2011	12.71	278.10	1.77
2010	12.20	217.70	2.40

① 资料来源：根据上市公司年报和银监会年报整理。

② 资料来源：根据银监会年报资料整理。

续表

年份	资本充足率/%	拨备覆盖率/%	不良贷款率/%
2009	11.40	155.00	1.58
2008	12.00	116.40	2.40
2007	8.40	39.20	6.20
2006	—	34.30	7.10

表 4–4　样本银行变量指标年度均值①

年份	资本充足率/%	核心资本充足率/%	拨备覆盖率②/%	手续费及佣金收入占比/%	加权风险资产占比/%	贷款集中度/%
2014	12.58	9.80	233.01	17.31	63.52	17.87
2013	12.23	9.68	276.40	16.25	63.08	19.35
2012	12.87	9.84	315.91	13.64	56.23	21.34
2011	12.39	9.58	323.46	14.54	58.14	21.19
2010	12.07	9.44	251.52	12.55	57.65	25.81
2009	11.14	8.60	195.99	11.92	56.96	32.11
2008	12.86	9.95	152.35	9.90	54.95	27.24
2007	13.60	11.05	139.86	8.76	54.73	27.81
2006	9.67	7.18	122.10	6.09	56.75	41.50
年份	贷款及垫款收息率/%	贷款总额准备金率/%	不良贷款率/%	CAPLOW	CAPHIGH	年末总资产/百万元
2014	16.07	9.51	1.13	0.00	0.02	6 723 892
2013	14.77	3.08	0.90	0.00	0.04	6 037 587
2012	11.38	3.76	0.81	0.00	0.05	5 446 014
2011	9.91	2.36	0.76	0.00	0.04	4 655 961
2010	7.83	2.14	0.89	0.00	0.04	3 989 763

① 资料来源：根据上市银行年报数据整理。

② 银监会 2011 年第 4 号文件《商业银行贷款损失准备管理办法》规定商业银行拨备覆盖率基本标准为 150%，自 2012 年 1 月 1 日起施行。

续表

年份	贷款及垫款收息率/%	贷款总额准备金率/%	不良贷款率/%	CAPLOW	CAPHIGH	年末总资产/百万元
2009	7.67	2.10	1.20	0.00	0.03	3 378 354
2008	10.53	2.45	1.73	0.00	0.04	2 673 601
2007	10.30	4.13	3.60	0.00	0.04	2 242 807
2006	8.31	2.51	4.23	0.01	0.03	1 917 550

（二）三类银行对比

在多数对银行进行分类对比的研究中，首先把中国银行、农业银行、工商银行、建设银行和交通银行五大银行作为一类，因为它们是国家直接控股的商业银行，称为国有控股大型商业银行，简称国有商业银行。其次，把城市商业银行作为一类。城市商业银行是我国银行业的重要组成部分，也是近年来我国银行业中快速发展的一个特殊群体，其前身是20世纪80年代设立的城市信用社，主要业务领域是为中小企业提供金融服务。随着中国金融事业的发展，城市商业银行不仅业务得到了快速发展，而且经营管理愈发成熟，有很多城市商业银行完成了股份制改革，少数几家已经公开上市，成为我国商业银行群体中的优秀分子，如北京银行、南京银行、宁波银行，研究中把这三家银行作为城市商业银行的代表。最后，把其余的全国性股份制商业银行作为一类，包括招商银行、中信银行、浦发银行、兴业银行、民生银行、光大银行、平安银行、华夏银行八家银行。

作为国有控股大型商业银行，中国银行、农业银行、工商银行、建设银行和交通银行2014年年末总资产余额分别为15 251 382.00百万元、15 974 152.00百万元、20 609 953.00百万元、16 744 130.00百万元、6 268 299.00百万元，平均值约为14 969 583.20百万元；招商银行、中信银行、浦发银行、兴业银行、民生银行、光大银行、平安银行、华夏银行的2014年年末总资产余额分别为4 731 829.00百万元、4 138 815.00百万元、4 195 924.00百万元、4 406 399.00百万元、4 015 136.00百万元、2 737 010.00百万元、4 005 911.00百万元、

1 851 628.00 百万元，平均值约为 3 760 331.50 百万元；北京银行、南京银行和宁波银行 2014 年年末总资产余额分别为 1 524 437.00 百万元、573 150.18 百万元、554 112.62 百万元，平均值约为 883 899.93 百万元，五家国有商业银行的 2014 年平均年末资产余额约为八家股份制商业银行的 4 倍，约为三家城市商业银行的 17 倍。这三类银行的资本充足率、年末核心资本充足率、年末资产平均值指标比较见表 4–5。

表 4–5　三类银行资本充足率、核心资本充足率、总资产

	年份	资本充足率/%	核心资本充足率/%	年末总资产平均值/百万元
国有商业银行	2014	14.04	11.17	14 969 583.20
股份制商业银行	2014	11.93	9.03	3 760 331.50
城市商业银行	2014	11.86	9.57	883 899.93
国有商业银行	2013	13.06	10.41	13 735 660.00
股份制商业银行	2013	11.53	9.05	3 211 259.50
城市商业银行	2013	12.70	10.15	744 336.44
国有商业银行	2012	13.66	10.68	12 542 676.20
股份制商业银行	2012	11.76	8.69	2 823 642.75
城市商业银行	2012	14.51	11.51	611 234.67
国有商业银行	2011	12.84	9.98	11 175 504.00
股份制商业银行	2011	11.47	8.74	21 39 884.00
城市商业银行	2011	14.13	11.17	499 596.00
国有商业银行	2010	12.30	9.92	9 803 561.00
股份制商业银行	2010	11.03	8.08	1 700 054.00
城市商业银行	2010	14.48	12.25	405 992.50
国有商业银行	2009	11.45	8.83	8 470 415.00
股份制商业银行	2009	10.25	7.34	1 356 901.00
城市商业银行	2009	13.00	11.58	282 129.00
国有商业银行	2008	12.31	9.86	6 792 281.00
股份制商业银行	2008	10.53	7.27	1 025 278.00

续表

	年份	资本充足率/%	核心资本充足率/%	年末总资产平均值/百万元
城市商业银行	2008	19.98	17.23	204 663.40
国有商业银行	2007	13.36	10.58	5 737 430.00
股份制商业银行	2007	9.85	7.46	836 495.50
城市商业银行	2007	23.93	21.28	168 599.10
国有商业银行	2006	12.65	10.53	5 068 622.00
股份制商业银行	2006	7.31	4.86	618 775.70
城市商业银行	2006	11.99	8.90	129 160.80

金融危机充分暴露了银行体系存在的问题，也为监管部门强化审慎监管提供了难得的机遇。从表 4–5 中可以看到，单从资本充足率指标来看，三家城市商业银行的资本充足率水平相对较高，尤其是 2007 年，城市商业银行的资本充足率水平明显高于五家国有商业银行和八家股份制商业银行；股份制商业银行的资本充足率平均值低于国有商业银行和城市商业银行。

但是从表 4–6 显示的风险指标来看，国有商业银行 2006—2013 年手续费及佣金收入占比最高，但是 2014 年股份制商业银行的手续费及佣金收入占比超过了国有商业银行，说明股份制商业银行中间业务发展比较迅速，正在积极实施战略转型。国有商业银行 2006—2014 年贷款总额准备金率相对较高，表明了国有商业银行相对保守且抗风险能力比较强。但是，国有商业银行 2006—2014 年的不良贷款占比也最高，其中比较典型的是农业银行。农业银行 2006—2014 年的不良贷款率分别是 23.43%、23.57%、4.32%、2.91%、2.03%、1.55%、1.33%、1.22%、1.54%，总体上呈下降的趋势。这说明，面对不断变化的市场环境和更为严格的资本监管要求，国有商业银行一直在谋求经营战略的转型，努力通过消化存量结构、优化增量结构，实现抗风险能力的不断提升。

股份制商业银行 2008—2013 年的拨备覆盖率相对较高，但是 2012—2014 年，城市商业银行的拨备覆盖率指标逐渐走高，这表明城市商业银行银行贷款减值准备余额占比较高，贷款损失准备金计提比较充足，股份制商业银行对贷款损失的弥补能力和对贷款风险的防范能力较好，股份制商业银行 2006—2012 年加权风险资产占比最高，在一定程度上又表明股份制商业银行面临的风险相对较高；股份制商业银行 2007 年、2010 年和 2014 年贷款集中度最高，反映了股份制商业银行在这三年间因授信过于集中而可能产生经营风险，大额风险集中度偏高。

可以看出，日渐增长的不良资产使得银行不得不增加贷款减值准备金的计提，这也大规模地“吃掉了”银行的利润，但是面对不良贷款的大幅增加，国有商业银行拨备覆盖率还是出现了不同程度的下降，值得关注。从不良贷款分布来看，国有商业银行公司类贷款的不良贷款率普遍大于客户数量众多的零售类贷款，如 2014 年工商银行的不良贷款 80%来自企业法人客户，而这其中的 80%来自制造业和流通服务业，且主要集中在钢贸、煤炭、大宗商品、小微企业等领域。

表 4–6 三类银行风险指标年度均值比较

	年份	^{1}RISK	^{2}RISK	^{3}RISK	^{4}RISK	^{5}RISK	^{6}RISK	^{7}RISK
国有商业银行	2014	216.45	18.24	64.20	13.78	23.68	24.78	1.26
股份制商业银行	2014	213.84	19.57	63.25	20.20	11.57	2.43	1.13
城市商业银行	2014	311.70	9.71	63.10	18.48	15.35	2.96	0.90
国有商业银行	2013	267.09	19.03	65.89	14.42	21.01	4.58	1.03
股份制商业银行	2013	268.47	17.41	62.79	21.34	11.17	2.31	0.86
城市商业银行	2013	313.10	8.53	59.14	22.27	13.95	2.62	0.81
国有商业银行	2012	275.99	18.75	56.05	15.91	10.53	6.82	1.01
股份制商业银行	2012	332.82	13.17	57.35	23.43	11.06	2.30	0.71
城市商业银行	2012	337.36	6.37	53.56	24.81	13.63	2.53	0.73
国有商业银行	2011	249.72	19.32	56.41	17.44	8.18	2.81	1.09
股份制商业银行	2011	364.45	13.68	59.93	22.31	9.98	2.12	0.59
城市商业银行	2011	337.04	8.87	56.22	24.46	12.63	2.22	0.66
国有商业银行	2010	199.98	17.81	55.60	20.34	7.26	2.60	1.29

续表

	年份	¹RISK	²RISK	³RISK	⁴RISK	⁵RISK	⁶RISK	⁷RISK
股份制商业银行	2010	285.80	11.05	60.75	28.48	7.59	1.92	0.69
城市商业银行	2010	245.99	7.79	52.81	27.82	9.42	1.96	0.78
国有商业银行	2009	149.55	17.15	53.90	22.35	7.74	2.58	1.77
股份制商业银行	2009	228.55	9.95	58.58	35.80	7.32	1.86	0.92
城市商业银行	2009	186.55	8.44	57.74	38.54	8.48	1.93	1.01
国有商业银行	2008	112.76	13.77	52.21	22.76	10.28	2.90	2.68
股份制商业银行	2008	171.37	8.46	58.08	28.75	10.16	2.18	1.28
城市商业银行	2008	167.59	7.28	51.19	30.68	11.94	2.39	1.37
国有商业银行	2007	101.03	13.47	56.11	19.70	11.27	7.89	6.82
股份制商业银行	2007	138.00	7.23	56.93	31.42	9.65	2.27	2.40
城市商业银行	2007	208.90	4.97	47.74	30.20	10.39	2.18	1.40
国有商业银行	2006	80.30	9.19	57.10	21.43	8.43	2.53	7.42
股份制商业银行	2006	112.62	4.70	60.02	42.28	7.95	2.53	2.85
城市商业银行	2006	199.94	4.62	48.65	66.44	9.10	2.43	2.13

注：¹RISK、²RISK、³RISK、⁴RISK、⁵RISK、⁶RISK、⁷RISK依次指拨备覆盖率、手续费及佣金收入占比、加权风险资产占比、贷款集中度、贷款及垫款收息率、贷款总额准备金率、不良贷款率。

城市商业银行2006年、2008年、2009年、2011年、2012年和2013年的贷款集中度在三类银行中最高，表明城市商业银行面临较高贷款集中度风险，比较典型的是北京银行。北京银行2006—2014年的贷款集中度分别为85.57%、43.90%、40.89%、44.42%、40.85%、36.11%、36.36%、30.81%和28.43%，总体上呈逐年下降趋势，这说明已经做了相应的应对措施。城市商业银行2006年、2008年、2009年、2010年、2011年和2012年贷款及垫款收息率最高，也在一定程度上表明了城市商业银行当年利息收入较高，面临的银行风险较高，比较典型的是南京银行。南京银行2006—2014年的贷款及垫款收息率分别是10.10%、12.45%、13.18%、9.46%、10.33%、14.27%、15.07%、15.67%、18.93%，有总体上呈上升的趋势，预示着未来的风险应加以重视。

因此，简单来看，虽然城市商业银行的资本充足率较高，但其面临的风险也较高；国有商业银行有较强的风险意识和抗风险能力，战略转型较快；股份制商业银行虽然贷款损失准备金计提比较充足，但是也面临着较高的贷款集中度风险。直观来看，资本充足率高并不意味着风险低，资本监管和上市银行的风险之间没有明显的负相关关系。资本监管和银行风险之间的明确关系还需要进一步研究。

三、描述性统计分析

描述性统计分析是对已经经过初步整理的数据资料进行加工，用统计量对其进行描述的一种方法。其中，平均值是最常见的集中趋势量，它反映样本数据集中和离散的程度。标准差也是反映样本数据集中和离散程度的重要统计量，它反映样本数据相对于平均值的离散程度。偏度是用来度量样本数据分布是否对称的指标。一般来说，正态分布的偏度为 0，偏度为较大的正值表明该分布向右偏斜，偏度为较大的负值表明分布向左偏斜。峰度是用来反映频数分布曲线顶端尖峭或扁平程度的指标，统计上是用四阶中心矩来测定峰度的，以度量数据在中心聚集程度。有时两组数据的平均值、标准差和偏度都相同，但峰度却不同。一般来说，正态分布情况下的峰度值是 0，相对尖锐的分布会有正的峰度值，说明观察量比较集中，负的峰度值说明观测量不那么集中，分布相对平坦。

基于 2006 年至 2014 年 16 家样本银行的数据进行描述性统计分析，表 4–7 列示了各主要变量的描述统计值。从表 4–7 可以看到，样本银行资本充足率的平均值是 11.96%，高于 8%的监管水平；标准差是 3.70，表明各样本银行资本充足率差距较小；样本银行资本充足率的峰度是 8.56，偏度是 1.55，也意味着样本银行资本充足率离散程度较小；样本银行资本充足率的最大值是 30.67%，最小值是–0.39%。南京银行 2007 年的资本充足率为 30.67%。光大银行 2006 年的资本充足率是–0.39%，意味着 2006 年光大银行的所有者权益为负，公司面临资不抵债的局面。样本银行资本充足率的众数是 10.75%，中位数是 11.56%，绝大多数上市银行的资本充足率已超过 8%的最低监管标准，只有光大银行和平安银行 2006 年、2007 年资本充足率低于 8%的监管水平，并且自 2008 年起，样本银行的资本充足率均达到了监管要求。

表 4–7 主要变量描述性统计结果

指标	平均值/%	标准差	中位数	众数	峰度	偏度	最大值/%	最小值/%	观测数
CAP	11.96	3.70	11.56	10.75	8.56	1.55	30.67	–0.39	138
1RISK	220.73	98.88	214.67	—	–0.22	0.27	499.60	63.53	141
2RISK	12.32	6.21	12.61	—	–0.65	0.14	28.23	3.00	144
3RISK	56.45	12.17	57.64	—	11.02	–2.80	72.83	41.93	140
4RISK	25.06	13.82	21.89	—	3.51	1.43	85.57	15.18	140
5RISK	10.69	7.85	9.44	—	54.48	7.07	74.51	6.07	144
6RISK	3.51	9.01	2.38	—	114.58	10.33	104.97	0.72	142
7RISK	1.66	2.80	1.06	0.68	51.01	6.82	23.57	0.33	143
CAPLOW	–0.03	0.28	0.00	0.00	93.38	–9.65	0.14	–2.69	142
CAPHIGH	0.04	0.02	0.04	0.00	0.41	0.02	0.09	0.00	144

从风险变量情况来看，拨备覆盖率变量指标离散程度很高，分布平坦，不同银行或者银行在不同年度的拨备覆盖率有明显差异。样本银行拨备覆盖率的平均值是 220.73%，最大值为 499.60%，最小值为 63.53%。自 2009 年开始，监管部门要求商业银行动态调整贷款损失准备，将拨备覆盖率监管指标逐步从 100%提高到 130%再到 150%，以实现“以丰补歉”，提高风险抵御能力。因此，自 2009 年后商业银行的拨备覆盖率不断提升，风险抵补能力不断加强。手续费及佣金收入占比指标观测量集中度低，离散程度较高，分布相对平坦。样本银行手续费及佣金收入占比最大值为 28.23%，最小值为 3.00%，平均值为 12.32%，和世界银行业的水平还有很大差距。国外商业银行的主要收入来自于中间业务，特别是风险小、成本低、利润高的国际结算、个

人理财、投资咨询等业务已成为利润的主要来源，如 2007 年美国银行业中间业务收入占比平均值已经达到了 60%左右，而欧洲银行业中间业务收入占比平均值已经达到了 50%左右。加权风险资产占比指标样本数据偏于分散，差异较大，样本银行加权风险资产占比最大值为 72.83%，最小值为 41.93%，平均值为 56.45%。贷款集中度指标样本数据比较集中，但是也存在较大的差异，样本银行贷款集中度最大值为 85.57%，最小值为 15.18%，平均值为 25.06%。贷款及垫款收息率样本数据比较集中，差异较小，样本银行贷款及垫款收息率最大值为 74.51%，最小值为 6.07%，平均值为 10.69%。贷款总额准备金率样本数据高度集中，差异较小，样本银行贷款总额准备金率最大值为 104.97%，最小值为 0.72%，平均值为 3.51%。从不良贷款率指标来看，样本银行风险变量离散程度很小，有比正态分布更长的右侧尾部分布，向右偏斜并且聚集程度较高，样本银行不良贷款率最大值为 23.57%，最小值为 0.33%，平均值为 1.66%。从监管压力指标来看，CAPLOW 的平均值是–0.03，CAPHIGH 的平均值是 0.04。从银行实践来看，除了光大银行和平安银行 2006 年和 2007 年没有达到 8%的监管要求外，银行的资本充足率全部达到了 8%。

表 4–8 反映了 2006 年至 2014 年 16 家样本银行资本变动和风险变动指标的描述性统计结果。从资本变动和风险变动指标的描述性统计结果来看，样本银行的资本充足率水平变化的平均值是 0.43，标准差是 3.48，中位数是 0.34，众数是–0.45，峰度为 11.81，偏度为 1.85，最大值为 18.96，最小值为–10.22，这表明样本银行在满足资本充足率最低监管要求的同时，其资本充足率有较大的波动，如南京银行 2006 年至 2014 年的资本充足率分别是 11.71%、30.67%、24.12%、13.90%、13.17%、11.14%、14.98%、12.95%、10.99%。

表 4–8 资本变动和风险变动指标的描述性统计结果

	平均值	标准差	中位数	众数	峰度	偏度	最大值	最小值
ΔCAP	0.43	3.48	0.34	–0.45	11.81	1.85	18.96	–10.22
Δ^1RISK	43.35	51.49	40.93	20.30	9.70	–0.91	237.45	–207.44

续表

	平均值	标准差	中位数	众数	峰度	偏度	最大值	最小值
Δ^2RISK	1.70	1.75	1.48	—	–0.03	0.33	5.88	–2.55
Δ^3RISK	0.49	4.34	0.62	—	3.54	–0.78	10.48	–16.96
Δ^4RISK	–4.33	10.31	–3.03	—	3.39	–1.26	18.94	–41.67
Δ^5RISK	0.34	1.96	0.86	—	–0.47	–0.65	3.94	–3.74
Δ^6RISK	–0.07	0.42	0.02	—	6.04	–1.82	0.73	–2.07
Δ^7RISK	–0.71	2.22	–0.32	–0.32	64.07	–7.72	0.56	–19.25

拨备覆盖率变动指标的平均值为 43.35，标准差为 51.49，中位数为 40.93，众数为 20.30，峰度为 9.70，偏度为–0.91，最大值为 237.45，最小值为–207.44，表明样本银行数据非常分散，拨备覆盖率变动的离散程度很高。浦发银行（2010 年、2011 年）、光大银行（2010 年）、北京银行（2011 年）、平安银行（2009 年）和宁波银行（2008 年）该指标变动均超过了 100%。

手续费及佣金收入占比变动指标的平均值是 1.70，标准差是 1.75，中位数是 1.48，说明样本银行为了降低银行风险，正在实施战略转型，通过发展中间业务开拓新的利润空间，但是样本银行之间战略转型的差异较大。手续费和佣金收入占比变动指标的峰度为–0.03，偏度为 0.33，观测量集中度较低，离散程度较高，分布相对平坦，最大值为 5.88，最小值为–2.55。工商银行 2013 年和 2014 年的手续费和佣金收入占比都超过了 20%，但是工商银行 2006 年和 2009 年的手续费和佣金收入占比都不足 5%，平安银行 2011—2014 年该指标也都在 5%以下。

从加权风险资产占比变动指标来看，变量的平均值是 0.49，标准差是 4.34，中位数是 0.62，峰度是 3.54，偏度是–0.78，最大值是 10.48，最小值是–16.96，样本数据偏于分散，差异较大。2006 年至 2014 年间，交通银行该指标最小值 45.51%发生在 2008 年，最大值 71.7%发生在 2013 年，其他年份里，该指标数值在最大值和最小值之间波动较大；

平安银行该指标最小值 31.49%发生在 2012 年，最大值 72.83%发生在 2007 年，其他年份里，该指标数值在最大值和最小值之间波动也较大。

从贷款集中度变动指标来看，变量的平均值是–4.33，标准差是 10.31，中位数是–3.03，峰度为 3.39，偏度为–1.26，最大值为 18.94，最小值为–41.67，说明了样本银行贷款集中度总体呈下降趋势，但是样本数据比较分散，除了北京银行、南京银行、平安银行 2006 年贷款集中度都在 60%以上之外，其余样本银行的贷款集中度都降到了 50%以下，但是也存在较大的差异。

从贷款及垫款收息率变动指标来看，变量的平均值是 0.34，标准差是 1.96，中位数是 0.86，峰度为–0.47，偏度为–0.65，最大值为 3.94，最小值为–3.74，说明了样本银行的贷款及垫款收息率总体在下降，但是样本数据很分散，差异较小。

从贷款总额准备金率变动指标来看，变量的平均值是–0.07，标准差是 0.42，中位数是 0.02，峰度为 6.04，偏度为–1.82，最大值为 0.73，最小值为–2.07，说明样本银行在观测期内贷款总额准备金率总体在下降，但是样本数据高度集中，差异较小。

从不良贷款率变动指标来看，变量的平均值是–0.71，标准差是 2.22，中位数是–0.32，众数是–0.32，峰度为 64.07，偏度为–7.72，最大值为 0.56，最小值为–19.25，说明样本银行风险变量离散程度很小，有比正态分布更长的右侧尾部分布，向右偏斜并且聚集程度较高。

因此，从描述性统计结果来看，统计期间，绝大多数上市银行的资本充足率已超过 8%的最低监管标准，并且绝大多数上市银行的资本充足率水平在不断提高；样本银行风险有降低的趋势，但是还要对这种趋势和资本监管的关系做进一步的讨论和分析。

四、回归分析

由于农业银行、交通银行、光大银行 2007 年相关数据及农业银行、光大银行 2006 年相关数据缺失，剔除掉无效样本，共取得 2006 年至 2014 年 16 家样本银行的有效样本数据 123 个。

分别用拨备覆盖率、手续费及佣金收入占比、加权风险资产占比、贷款集中度、贷款及垫款收息率、贷款总额准备金率和不良贷款率作为风险指标，利用资本充足率和风险指标的差分作为被解释变量进行回归，结果见表 4–9。

表 4–9 回归分析结果①

被解释变量ΔCAP					
变量	ΔCAP	CAPLOW	CAPHIGH	SIZE	$CAP_{B,T-1}$
Δ^1RISK	0.000 6	–2.230 0	197.287 3*	–0.530 1*	–1.081 6*
Δ^2RISK	0.023 7	–2.731 3	197.787 7*	–0.534 3*	–1.086 1*
Δ^3RISK	–0.002 3	–2.752 1	197.405 7*	–0.527 5*	–1.084 5*
Δ^4RISK	–0.046 1*	–25.258 1	173.405 9*	–0.433 3*	–0.976 9*
Δ^5RISK	–0.044 0	–1.077 5	199.505 7*	–0.536 9*	–1.092 4*
Δ^6RISK	–0.211 8	–6.846 4	198.142 9*	–0.520 8*	–1.083 6*
Δ^7RISK	–0.454 7*	–17.451 7	198.106 7*	–0.526 7*	–1.068 0*
被解释变量ΔRISK					
变量	ΔCAP	CAPLOW	CAPHIGH	SIZE	$RISK_{B,T-1}$
Δ^1RISK	2.161 6*	–1 135.653 0	–580.003 0	5.988 5*	–0.020 8
Δ^2RISK	–0.121 2*	–5.165 5	10.245 5	0.771 3*	–0.200 8*
Δ^3RISK	–0.460 7*	–37.473 6	–8.280 6	–0.194 9	–0.257 6*
Δ^4RISK	–1.269 4*	–228.785 6*	–126.771 8*	–0.886 2	–0.441 0*
Δ^5RISK	0.023 6	27.683 9	32.039 9*	–0.385 5*	–0.769 3*
Δ^6RISK	–0.004 3	–3.010 7	6.983 6*	0.097 5*	–0.318 8*
Δ^7RISK	–0.020 2*	37.809 7*	8.636 5*	0.076 2*	–0.508 1*

利用回归分析，可以发现资本监管与银行风险行为有如下特点。

第一，资本变动与拨备覆盖率变动、手续费及佣金收入变动、加

① 说明：表中数据是回归方程的 β 系数，*表明该数据在 5%的置信水平下显著。

权风险资产占比变动之间没有明显的相关关系。

见表4–10，当被解释变量为资本变动时，Δ^1RISK 的系数为0.000 6，但是在 5%的置信水平下 T 值为 0.202 8，P 值大于 0.05；Δ^2RISK 的系数为 0.023 7，但是在 5%的置信水平下 T 值为 0.284 8，P 值大于 0.05；Δ^3RISK 的系数为–0.002 3，但是在 5%的置信水平下 T 值为 0.064 5，P 值大于 0.05。因此，资本变动与拨备覆盖率变动、手续费及佣金收入占比变动、加权风险资产占比变动之间在 5%的置信水平下没有明显的相关关系。

表 4–10　被解释变量是资本变动（置信水平低于 5%）时的部分 T 值和 P 值

被解释变量	Δ^1RISK	Δ^2RISK	Δ^3RISK	Δ^4RISK	Δ^5RISK	Δ^6RISK	Δ^7RISK	CAPHIGH	SIZE	$\text{RISK}_{B,T-1}$
T	0.202 8	0.284 8	0.064 5	2.038 2	–0.566 7	–0.609 6	2.078 5	均大于 1	均大于 1	均大于 1
P	>0.05	>0.05	>0.05	<0.05	>0.05	>0.05	<0.05	<0.05	<0.05	<0.05

第二，资本变动与贷款集中度变动、不良贷款率变动、银行规模、上期资本充足率负相关，并且显著。

当被解释变量为资本变动时，Δ^4RISK 的系数为–0.046 1，在 5%的置信水平下 T 值为 2.038 2，P 值小于 0.05，表明资本变动和贷款集中度变动在 5%的置信水平下负相关，并且显著。

当被解释变量为资本变动时，Δ^7RISK 的系数为–0.454 7，在 5%的置信水平下 T 值为 2.078 5，P 值小于 0.05，表明资本变动和不良贷款率变动在 5%的置信水平下负相关，并且显著。这意味着不良贷款率增加的银行，其资本充足率会比上期水平低，二者呈反向变化。

当被解释变量为资本变动时，利用拨备覆盖率、手续费及佣金收入占比、加权风险资产占比、贷款集中度、贷款及垫款收息率、贷款总额准备金率和不良贷款率的差分作为风险指标进行回归，银行规模指标的系数均为负，并且 T 值均大于 1，P 值均小于 0.05，因此，在

5%的置信水平下，资本变动和银行规模负相关，并且显著。这意味着规模增长的同时，银行的资本充足率水平会较上期水平变低，二者呈反向变化。

当被解释变量为资本变动时，利用拨备覆盖率、手续费及佣金收入占比、加权风险资产占比、贷款集中度、贷款及垫款收息率、贷款总额准备金率和不良贷款率的差分作为风险指标进行回归，上期资本充足率的系数均为负，并且 T 值均大于 1，P 值均小于 0.05，因此，在 5%的置信水平下，资本变动和上期资本充足率负相关，并且显著。这意味着如果银行上期资本充足率较低，下期会适当调高，反之，如果银行上期资本充足率较高，下期会适当调低。在满足资本监管要求的同时，银行会通过调适资本充足率水平，寻求最佳的风险和利润的平衡点。

第三，资本变动与监管压力正相关，并且显著。

当被解释变量为资本变动时，利用拨备覆盖率、手续费及佣金收入占比、加权风险资产占比、贷款集中度、贷款及垫款收息率、贷款总额准备金率和不良贷款率的差分作为风险指标进行回归，CAPHIGH 的系数均为正，并且在 5%的置信水平下 T 值均大于 1，P 值均小于 0.05。因此，在 5%的置信水平下，资本变动和监管压力 CAPHIGH 正相关，并且显著。

第四，监管压力与贷款集中度变动负相关，并且显著，与贷款及垫款收息率变动、贷款总额准备金率变动、不良贷款率变动正相关，并且显著。

当被解释变量为风险变动时，监管压力 CAPHIGH 和贷款集中度变动的回归系数为–126.771 8，在 5%的置信水平下 T 值为 3.384 0，P 值小于 0.05，见表 4–11。因此在 5%的置信水平下，监管压力 CAPHIGH 和贷款集中度变动负相关，并且显著。当被解释变量为风险变动时，监管压力 CAPHIGH 和贷款及垫款收息率变动的回归系数为 32.039 9，T 值为 2.638 9，P 值小于 0.05；监管压力 CAPHIGH 和贷款总额准备金率变动的回归系数为 6.983 6，T 值为 2.384 9，P 值小于 0.05；监管压力 CAPHIGH 和不良贷款率变动的回归系数为 8.636 5，T 值为

3.078 5，P 值小于 0.05。因此，在 5%的置信水平下，监管压力 CAPHIGH 和贷款及垫款收息率变动、贷款总额准备金率变动、不良贷款率变动正相关，并且显著。

表 4–11　被解释变量是风险变动（置信水平低于 5%）时的部分 T 值和 P 值

被解释变量		Δ^1RISK	Δ^2RISK	Δ^3RISK	Δ^4RISK	Δ^5RISK	Δ^6RISK	Δ^7RISK
CAPHIGH	T	＜1.00	＜1.00	＜1.00	3.384 0	2.638 9	2.384 9	3.078 5
	P	＞0.05	＞0.05	＞0.05	＜0.05	＜0.05	＜0.05	＜0.05
$\text{RISK}_{B,T-1}$	T	＜1.00	＞1.00	＞1.00	＞1.00	＞1.00	＞1.00	＞1.00
	P	＞0.05	＜0.05	＜0.05	＜0.05	＜0.05	＜0.05	＜0.05

第五，资本变动与贷款及垫款收息率变动、贷款总额准备金率变动之间存在非线性相关关系。

当被解释变量为资本变动时，Δ^5RISK 的系数为–0.044 0。但是在 5%的置信水平下 T 值为–0.566 7，P 值大于 0.05；Δ^6RISK 的系数为–0.211 8，但是在 5%的置信水平下 T 值为–0.609 6，P 值大于 0.05。因此，资本变动与贷款及垫款收息率变动、贷款总额准备金率变动之间在 5%的置信水平下没有明显的线性相关关系。

由前面的研究结论可知，在 5%的置信水平下，监管压力 CAPHIGH 与贷款及垫款收息率变动、贷款总额准备金率变动正相关，并且显著。另外，由于监管压力 CAPHIGH 指标的设定方式为：当资本充足率高于 8%时，CAPHIGH=1/8% –1/CAP，否则，CAPHIGH=0。可以看出监管压力 CAPHIGH 和资本充足率之间存在显著的正相关关系，即资本充足率的值越高，监管压力 CAPHIGH 的值也越高，资本充足率和监管压力 CAPHIGH 同向变化。因此，可以推断资本变动与贷款及垫款收息率变动、贷款总额准备金率变动之间存在非线性相关关系。

第六，风险变动与上期风险变量负相关，并且显著。

当被解释变量为风险变动时，上期风险变量 $\text{RISK}_{B,T-1}$ 和手续费及佣金收入占比变动、加权风险资产占比变动、贷款集中度变动、贷款及垫款收息率变动、贷款总额准备金率变动和不良贷款率变动的回归系数分别为–0.200 8、–0.257 6、–0.441 0、–0.769 3、–0.318 8、–0.508 1，*T* 值均大于 1，*P* 值均小于 0.05。因此，在 5%的置信水平下，风险变动和上期风险变量负相关，并且显著[①]。

小　　结

风险和收益相伴而生。资本监管的核心是银行风险行为的监管，而银行的风险行为直接影响着银行的绩效。通过研究得出以下结论。

（1）三类银行之间存在差异。虽然从总体上看，统计期间绝大多数上市银行的资本充足率已超过 8%的最低监管标准，并且在不断提高，但是三类银行之间还存在差异。

首先，城市商业银行的资本充足率水平相对较高，国有商业银行次之，股份制商业银行的资本充足率平均值低于国有商业银行和城市商业银行。

其次，虽然总体上看，统计期间上市银行的风险水平有降低的趋势，但是城市商业银行面临的风险较高，国有商业银行有较强的风险意识和抗风险能力，而股份制商业银行的贷款集中度风险较高。

最后，在资本监管的约束下，国有商业银行积极发展中间业务，开展战略转型，但是股份制商业银行和城市商业银行战略转型发展缓慢。从世界银行业的发展来看，国外商业银行的主要收入来自于中间业务，特别是风险小、成本低、利润高的国际结算、个人理财、投资咨询等业务已成为利润的主要来源。因此，在我国，通过积极开展战略转型，开辟新的利润增长点，是商业银行降低风险的必然选择。

（2）资本充足率监管的政策效应明显。资本变动和监管压力正相关，并且显著，二者间有关联性很强的联动效应；资本变动与贷款集

---

① 当被解释变量为风险变动时，上期风险变量 $RISK_{B,T-1}$ 和拨备覆盖率变动的回归系数为–0.020 8，但是 *T* 值为 0.262 3，*P* 值为 0.793 8，这表明二者在 5%的置信水平下没有明显的相关关系。

中度变动、不良贷款率变动、银行规模、上期资本充足率负相关，并且显著；资本变动与贷款及垫款收息率变动、贷款总额准备金率变动之间不存在线性相关关系；监管压力 CAPHIGH 与贷款及垫款收息率变动、贷款总额准备金率变动正相关。这说明资本的增加能够降低风险，对于资本高于最低资本充足率要求的银行，监管压力能够促进银行增加资本，降低银行风险，资本充足率监管的政策效应明显。

第五章

资本监管与银行融资行为

第一节 研究回顾

商业银行是经营风险的金融企业，主要业务是买卖风险，赚取风险差价。上市的商业银行通过资本市场拓宽了融资渠道，融资结构也发生了变化，由传统的以负债融资为主转变为股权融资和债务融资相结合的模式，从而使商业银行资本结构的优化和调整问题更加灵活。

按照界定角度不同，银行资本主要分为三类，分别是账面资本、监管资本和经济资本。账面资本，即所有者权益，是可以直接从资产负债表上观察到的资本，由实收资本、资本公积、盈余公积、未分配利润和一般准备组成，是银行股东在银行中实际拥有的权益数量。监管资本是从外部监管者的角度定义的，是银行所拥有的可以用来弥补非预期损失的资本。《巴塞尔协议Ⅰ》将监管资本分为核心资本（一级资本）和附属资本（二级资本）；《巴塞尔协议Ⅱ》将监管资本划分为核心资本、附属资本和三级资本；《巴塞尔协议Ⅲ》取消了三级资本，又将监管资本划分为一级资本和二级资本。经济资本是从银行内部管理的角度出发计算的，用以满足银行非预期损失风险和异常损失风险实际所需要的资本数量。我国银监会鼓励商业银行建立经济资本计量体系，并将其用于内部资本充足评估，以充分反映银行的风险偏好和风险特征。

进入 21 世纪以来，人们开始关注资本监管与资本结构之间的关系。国外方面，2002 年 Ito 和 Sasaki 研究发现，拥有较低资本比率的日本银行倾向于减少信贷和发行更多的次级债。2004 年 Flannery 和 Rangan 发现，20 世纪 90 年代，银行业盈利能力的增强、股票价格的上涨、资本监管要求的提出，以及商业银行为应对政府退出对银行业的显性担保后的市场环境变化而加强了风险防范等因素，促进了美国银行业资本充足率的快速提升。2010 年 Ikpefan 和 Ochei Ailemen 通过对尼日利亚存款银行 1986—2006 年的数据进行分析，发现股权资金与银行贷款正相关，并且显著影响银行的流动性和存款。

国内方面，2005 年邵曙阳选取我国 11 家商业银行 1994 年至 2002 年的面板数据，对商业银行资产负债率的影响因素进行了研究，发现商业银行资产规模和通货膨胀率与其资本结构显著正相关，商业银行的盈利能力和资产担保价值与其资本结构显著负相关，而商业银行的增长能力对其资本结构没有显著影响。2006 年李夺通过实证研究发现，依靠股东注资、上市融资和发行次级债的方式已成为有效补充商业银行资本金以达到资本充足率监管要求的中长期主要路径，而调整存贷款总量和贷款组合的风险偏好是调节商业银行资本充足率水平的短期工具。2009 年陈国辉、李婷研究发现，在我国，规模较大的商业银行由于可以运用衍生金融工具进行有效的套期保值，所以即使持有资本相对业务规模来说较小，也能保证其业务经营活动的安全平稳，从而降低了业务规模较大的商业银行对资本的需求，致使商业银行的业务规模与资本充足率成反比。2009 年梁绮利介绍了有形普通股权益比率在美国银行业的使用。2009 年张晨、赵艳指出，我国商业银行资本结构存在的主要问题是政府注资形成的核心资本比重过大、银行盈利能力薄弱和附属资本充足率相对较低。2011 年许友传发现监管压力会对银行资本调整策略产生一定的影响。当银行的资本充足率接近监管部门要求的最低标准时，主要通过增加附属资本的方式补充监管资本，以免资本充足率下降到监管标准之下，而当银行资本充足率已经低于最低监管要求时，外部监管压力并没有显著影响银行自身的资本调整，这表明资本充足率监管对商业银行来说只是一项考核指标，并不能真正达到控制银行风险行为的目的。商业银行为满足监管要求和规避可能的监管制裁，会在资本充足率将要下降到监管标准之下时，尽快通过增加或补充资本（包括核心资本、附属资本）的方式保持合规的资本充足水平，使其风险偏好不受影响。2011 年孙玉荣、左婷婷探究了商业银行各级资本与风险之间的关系，研究发现，商业银行前十大股东持股比例与风险正相关，已上市流通股比例和附属资本额与银行风险负相关。2011 年崔泽园、赵瑞基于 10 家商业银行 2001—2010 年的面板数据，通过实证分析了我国商业银行资本结构与风险规避间的关联性，发现银行的股权集中度与不良贷款率在短期内正相关，而与流动比率负相关，附属资本与不良贷款率负相关，而与盈利能力正相关。2011 年李喜梅、胡棋智在银行资本结构研究中，同时考察权益和负债比率的动态调整问题，结果表明，我国股份制上市商业银行股权比率与负债比率决定机制相互依赖，非债务税盾、银行规模和管理层持股对股份制上市银行的权益比率与负债比率均有显著影响。2012 年王胜邦、陈歆介绍了《巴塞尔协议Ⅲ》下资本监管工具改革的内容和其可能对银行资本结构产生的影响。

从国内外研究成果来看，资本监管与银行资本结构的关系尚不清晰，相关研究也较少。因此接下来，本部分研究将选择我国 16 家上市商业银行 2006 年至 2014 年的相关数据，详细分析资本监管对商业银行融资行为的影响。

第二节　资本监管与银行融资行为实证研究

本部分研究依然选择国有商业银行、股份制商业银行、城市商业银行三类，共 16 家上市银行作为样本，原始数据来自于这 16 家上市银行公开披露的 2006 年至 2014 年的相关数据。

一、监管资本

本部分研究中，监管资本（capital，CAP）分别用资本充足率和核心资本充足率表示。资本充足率是资本与商业银行加权风险资产之间的比值，具体计算方法是

资本充足率=（资本–资本扣除项）/（加权风险资产+12.5 倍的市场风险资本）

核心资本充足率是商业银行核心资本与商业银行加权风险资产之间的比值，具体计算方法是

核心资本充足率=（核心资本–核心资本扣除项）/（加权风险资产+12.5 倍的市场风险资本）

按照我国资本监管要求，商业银行计入附属资本的长期次级债务不得超过核心资本的 50%，附属资本不得超过核心资本的 100%，也即商业银行计入附属资本的长期次级债务不得超过监管资本总额的 25%，附属资本不得超过监管资本总额的 50%。

二、资本结构变量

本部分研究中的资本结构变量（composition of capital，CCAP）为“核心资本充足率占比”和“负债/所有者权益”两个指标。

（一）核心资本充足率占比

按照我国监管要求，商业银行在保持较高资本充足率的同时，应进一步提高资本质量，因此核心资本充足率指标既可以反映商业银行资本结构，又可以很好地反映商业银行的资本质量。核心资本充足率占比用商业银行核心资本充足率与商业银行资本充足率的比值表示。核心资本充足率占比在很大程度上反映了核心资本在商业银行资本中的比重，表明核心资本充足率在资本充足率中的份额。

（二）负债/所有者权益

商业银行业务经营所需各项资金来源于股东的自有资金和吸收的债务资金两部分。其中，自有资金又称为权益资本，主要包括成立时发行股票所筹集的股本，以及在后来经营中逐年积累的各项公积金和未分配利润。债务资金又称为银行负债，主要来源包括吸收存款、向中央银行借款、从同业拆借市场拆借、发行金融债券、从国际货币市场借款等，其中以吸收存款为主。除权益资本和债务资金以外，优先股、可转换债券、长期次级债等多种兼具权益和负债性质的混合型资本也是银行的资金来源。银行是风险的集成者，对所面临的风险需要

靠资本来覆盖，银行需要资本的多少依赖于未来非预期损失的大小。不同性质的资本抗风险能力不同，权益资本承担风险能力最强，是股东用自身拥有的权益作为承担损失的保障，混合型资本的承担风险能力次之，而债务资金不具备覆盖风险的能力。因此，在银行资金来源中，负债和所有者权益的比值不同能反映银行的财务风险状况。用“负债/所有者权益”指标可考察商业银行的资本结构，计算方法是利用商业银行年末负债总额除以商业银行资产减负债总额的差。

三、其他变量

（一）负债平均成本（the average cost of debt，ACD）

负债成本是银行成本的主要部分，是商业银行在组织资金来源过程中的开支。银行经营成本包括利息成本和非利息成本两大部分，其中利息成本包括客户存款、同业存拆入及对央行负债，以及其他借入资金的利息支出，而非利息成本又包括劳务费、印刷费、广告费、差旅费、设备费和房屋租赁费等。对负债成本进行研究主要用来考察商业银行的融资行为。本部分研究中的负债平均成本指标用利息支出与负债平均余额的比值表示。

（二）监管压力（CAPLOW、CAPHIGH）

本部分研究继续采用 Shrieves 和 Dahl 对监管压力的定义方法，利用 CAPLOW 和 CAPHIGH 两个变量衡量资本监管对银行行为的影响，$CAPLOW_{B,T}$、$CAPHIGH_{B,T}$ 分别表示银行 B 在 T 期的相应值。

（三）规模（SIZE）

利用规模作为其中一个影响变量，用银行总资产的自然对数（ln(Asset)）表示该变量。

各变量指标说明见表 5–1。

表 5–1 变量指标说明

指标名称	指标代码	指标说明
核心资本充足率占比	$^{1}CCAP$	（核心资本充足率/资本充足率）×100%；$^{1}CCAP_{B,T}$ 表示银行 B 在 T 期的核心资本充足率占比

续表

指标名称	指标代码	指标说明
负债/所有者权益	^{2}CCAP	［年末负债总额/（年末资产总额–年末负债总额）］×100%；$^{2}CCAP_{B,T}$表示银行 B 在 T 期的负债与所有者权益的比值
负债平均成本	ACD	（利息支出/负债平均余额）×100%；$ACD_{B,T}$ 表示银行 B 在 T 期的负债平均成本
监管压力	CAPLOW、CAPHIGH	当资本充足率低于 8%时，CAPLOW=1/CAP–1/8%，否则，CAPLOW=0；$CAPLOW_{B,T}$表示银行 B 在 T 期的值； 当资本充足率高于 8%时，CAPHIGH=1/8%–1/CAP，否则，CAPHIGH=0；$CAPHIGH_{B,T}$表示银行 B 在 T 期的值
规模	SIZE	银行总资产的自然对数（ln(Asset)），其中 Asset 用的是银行年末资产余额；$SIZE_{B,T}$表示银行 B 在 T 期的规模

接下来，以资本充足率和核心资本充足率为被解释变量，以核心资本充足率占比、负债/所有者权益、监管压力和规模为解释变量，构建以下模型：

$$CAP_{B,T}=a_0+a_1{}^{1}CCAP_{B,T}+a_2{}^{2}CCAP_{B,T}+a_3ACD_{B,T}+a_4CAPLOW_{B,T}+a_5CAPHIGH_{B,T}+a_6SIZE_{B,T}+U_{B,T}$$

四、实证分析

（一）三类银行对比

1. 核心资本充足率占比

核心资本充足率占比指标反映的是三类银行核心资本在银行资本中的比重。股东权益是核心资本最主要的组成部分，但由于公允价值变动的影响，核心资本一般很难高于股东权益。2006 年至 2014 年，三类银行中城市商业银行的核心资本充足率均值为 13.74%，位列第一，而国有商业银行和股份制商业银行的核心资本充足率均值分别为 9.91%、7.29%。2006 年至 2014 年，国有商业银行和股份制商业银行、城市商业银行三类银行核心资本充足率占比的均值分别为 79.63%、72.84%、83.82%。

如图 5–1 所示，从核心资本充足率占比指标的发展趋势来看，自 2006 年至 2014 年，三类银行的核心资本充足率占比年度均值不断趋同。2006—2014 年，三类银行的核心资本充足率占比年度差异不大，但是 2007—2011 年，城市商业银行核心资本充足率占比最高，其中宁波银行（2007 年、2008 年）、南京银行（2009 年、2010 年）的核心资本充足率占比都在 90%以上；其次是国有商业银行，其中有工商银行 2006 年的核心资本充足率占比为 87.04%，为国有商业银行中最高；再次是股份制商业银行，其中平安银行（2007 年）核心资本充足率占比和光大银行（2006 年）核心资本充足率占比均高达 100%，中信银行（2009 年）的核心资本充足率占比为 90.43%，但是浦发银行（2006 年、2007 年、2008 年）、华夏银行（2006 年、2007 年）、民生银行（2006 年）、兴业银行（2006 年）、招商银行（2008 年）的核心资本充足率占比都在 50%以下。2006 年，国有商业银行的核心资本充足率占比最高，城市商业银行次之，股份制商业银行仍然排在第三位。从 2011 年开始，三类银行的核心资本充足率占比差别不大。

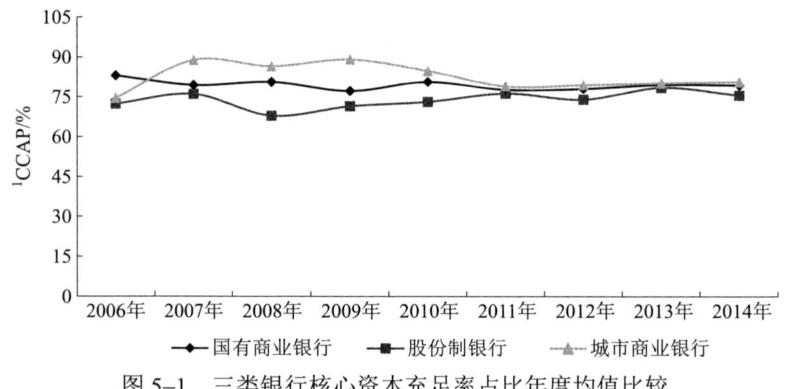

图 5–1 三类银行核心资本充足率占比年度均值比较

因此，简单来看，三类银行核心资本充足率占比波动较小，但是国有商业银行的核心资本充足率并没有因为更大程度地受到政府的隐性担保而占上风，并且商业银行主动变革经营思路可能会引起所有者权益提高或维持不变。因此，商业银行的性质和核心资本充足率的关系还需要进一步论证。

2. 负债/所有者权益

商业银行负债主要包括客户存款、拆入资金、同业及其他金融机构存放款项、应付债券、卖出回购款项等；商业银行的所有者权益主要包括股东股本、资本公积、一般准备金及法定储备金、未分配利润、盈余公积、可供出售金融资产公允价值变动储备等。

如图 5–2 所示，总体上看，自 2006 年至 2014 年，三类银行“负债/所有者权益”年度均值指标不断趋同。股份制商业银行统计期间的“负债/所有者权益”指标的平均值最高，各银行的“负债/所有者权益”指标都在 1 000%以上，平均值为 2 214.86%，最大值为 4 437.03%，最小值为 1 101.84%，其中华夏银行 2007 年的“负债/所有者权益”值最高，中信银行 2007 年的“负债/所有者权益”值最低；国有商业银行该指标的平均值次之，统计期间各银行该指标的平均值为 1 603.08%，最大值为 2 490.24%，最小值为 1 174.56%，其中农业银行 2009 年的“负债/所有者权益”值最高，中国银行 2006 年的“负债/所有者权益”值最低；城市商业银行统计期间各银行该指标的平均值为 1 371.36%，最大值为 2 673.99%，最小值为 665.04%，其中北京银行 2006 年的“负债/所有者权益”值最高，南京银行 2007 年的“负债/所有者权益”值最低。自 2011 年始，三类银行的“负债:所有者权益”年度均值差别不大。

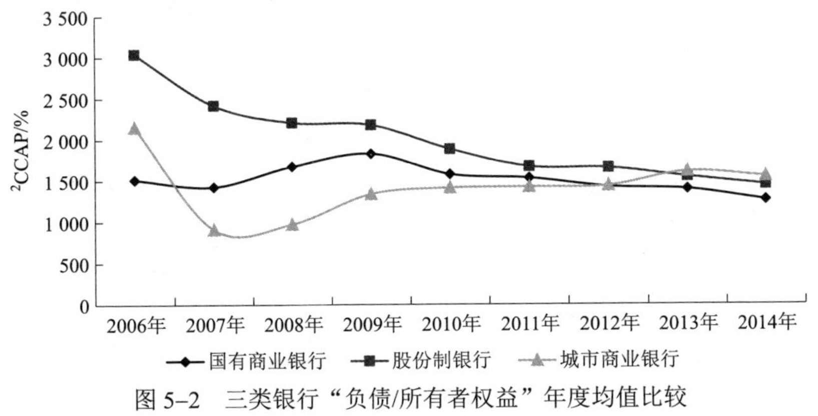

图 5–2　三类银行“负债/所有者权益”年度均值比较

3. 负债平均成本

商业银行在社会经济活动中扮演资金供需双方媒介的角色，其既是资金供应方也是资金需求方。相对于银行资本而言，社会经济运转所需的庞大的资金流量决定了商业银行根本不可能将其自有资本作为供应资金的主要来源，必须从外部吸收大量资金，因此以存款为主要内容的负债业务就成为与以贷款为主要内容的资产业务一样，对商业银行具有至关重要的意义。目前，我国商业银行主要还是依靠吸收存款等被动型负债方式来筹集资金，而运用金融市场，通过主动负债方式筹集资金的规模较小，这种情况可能与我国金融市场不够发达、金融工具品种相对较少有关。国有商业银行在吸收存款方面占有垄断性地位，它们依靠国家信用和网点优势吸收了大部分社会存款，吸收存款在其负债总量中占有绝对地位，而小型商业银行由于发展时间较短，营业网点较少，在吸收低成本的公众存款方面难以与大型银行竞争，导致其不得不在负债业务方面实施差别化战略，主动放弃部分个人储蓄存款等负债业务，通过开发创新金融工具来扩大资金来源，或者给予公司客户存款优惠政策，使得公司客户成为这些小银行的主要存款来源。2006—2014 年，国有商业银行和股份制商业银行、城市商业银行三类银行负债平均余额分别为 6 999 213.79 百万元、1 108 721.96 百万元、232 242.06 百万元，负债平均成本在统计期间的均值分别为 1.72%、2.15%、2.02%，其中国有商业银行负债平均成本均值相对较低。

图 5–3 列示了三类银行的年度负债平均成本的均值情况。总体上看，样本银行负债平均成本波动较大，2006 年、2009 年、2010 年三类银行负债平均成本的均值都较低，而 2007 年、2008 年、2011 年、2012 年、2013 年、2014 年三类银行负债平均成本相对较高。三类银行中，国有商业银行的负债平均成本均值相对较低，中国银行（2009 年、2010 年）、工商银行（2010 年）、建设银行（2010 年）、农业银行（2010 年）的负债平均成本都在 1.5%以下；股份制商业银行 2006—2009 年负债平均成本相对较高，光大银行（2008 年、2011 年）、华夏银行（2006 年、2007 年、2008 年、2009 年、2010 年、2011 年）、民生银行（2007 年、2008 年、2011 年）、平安银行（2007 年、2008 年、2011 年）、浦发银行（2008 年、2011 年）、兴业银行（2006 年、2007 年、2008

年、2009年、2010年、2011年)、中信银行(2006年、2008年)的负债平均成本都在2%以上;城市商业银行2010年、2011年负债平均成本相对较高,2011年,三家城市商业银行的负债平均成本都在2%以上,尤其是宁波银行达到3.16%。自2010年始,三类银行的负债平均成本指标差别越来越大,其中,城市商业银行的负债平均成本最高,其次是股份制商业银行,国有商业银行的负债平均成本最低。

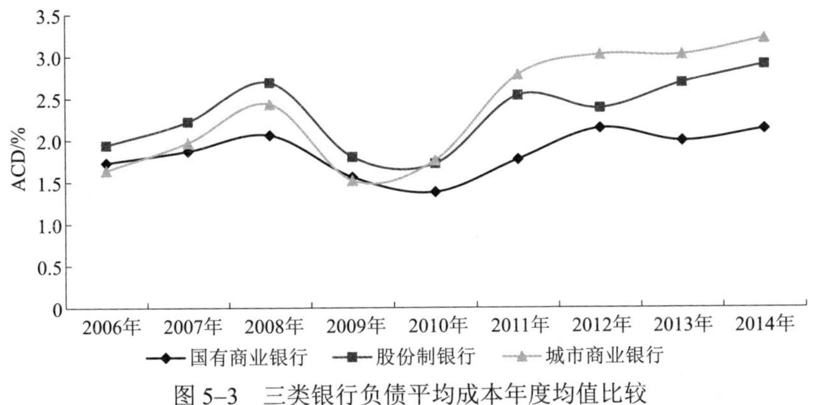

图5-3　三类银行负债平均成本年度均值比较

三类银行的资本结构指标和负债平均成本年度均值的比较见表5-2。

表5-2　三类银行资本结构指标和负债平均成本年度均值比较

	年份	核心资本充足率占比/%	(负债/所有者权益)/%	负债平均成本/%
国有商业银行	2014	79.52	1 267.38	2.13
股份制商业银行	2014	75.73	1 452.83	2.90
城市商业银行	2014	80.80	1 551.92	3.21
国有商业银行	2013	79.71	1 398.26	1.99
股份制商业银行	2013	78.61	1 549.50	2.68
城市商业银行	2013	80.34	1 611.43	3.02

续表

	年份	核心资本充足率占比/%	（负债/所有者权益）/%	负债平均成本/%
国有商业银行	2012	78.14	1 428.62	2.14
股份制商业银行	2012	74.00	1 657.87	2.38
城市商业银行	2012	79.63	1 440.18	3.02
国有商业银行	2011	77.67	1 534.46	1.77
股份制商业银行	2011	76.25	1 673.92	2.53
城市商业银行	2011	79.12	1 426.97	2.78
国有商业银行	2010	80.68	1 580.11	1.38
股份制商业银行	2010	73.12	1 888.53	1.72
城市商业银行	2010	84.81	1 416.10	1.76
国有商业银行	2009	77.17	1 832.96	1.56
股份制商业银行	2009	71.45	2 183.45	1.80
城市商业银行	2009	89.09	1 341.86	1.52
国有商业银行	2008	80.54	1 676.91	2.06
股份制商业银行	2008	67.89	2 211.40	2.69
城市商业银行	2008	86.55	977.33	2.43
国有商业银行	2007	79.37	1 427.29	1.87
股份制商业银行	2007	75.98	2 418.86	2.22
城市商业银行	2007	88.86	911.52	1.97
国有商业银行	2006	82.95	1 513.73	1.73
股份制商业银行	2006	72.33	3 041.85	1.94
城市商业银行	2006	74.51	2 154.39	1.64

（二）描述性统计

基于 2006—2014 年各样本银行的数据进行描述性统计分析，表 5–3 反映了各主要变量的描述性统计结果。样本银行核心资本充足率的平均值是 9.53%，高于 4%的监管水平；样本银行核心资本充足率的标准差是 2.94，表明各样本银行之间的核心资本充足率差距较小；样本银行核心资本充足率的峰度是 10.94，偏度是 2.22，也意味着样本银行核心资本充足率离散程度较小，分布尖峭；样本银行核心资本充足率的最大值是 27.38%，最小值是 3.68%，中位数是 9.37%。16 家样本银行中，只有平安银行和光大银行 2006 年的核心资本充足率低于 4%，其他都达到了最低监管要求，其中南京银行 2007 年的核心资本充足率为 27.38%，2008 年的核心资本充足率为 20.68%。

表 5–3 各主要变量的描述性统计结果

	资本充足率	核心资本充足率	核心资本充足率占比	负债/所有者权益	负债平均成本
平均值	12.25%	9.53%	77.09%	1 744.05%	2.20%
标准差	2.93	2.94	8.67	609.29	0.58
中位数	12.02%	9.37%	77.80%	1 587.65%	2.05%
峰度	12.95	10.94	0.90	4.39	–0.99
偏度	2.36	2.22	–0.54	1.87	0.43
最小值	3.71%	3.68%	52.00%	665.04%	1.26%
最大值	30.67%	27.38%	100%	4 437.03%	3.48%
观测数	141	141	141	141	141

从核心资本充足率占比来看，样本银行核心资本充足率占比指标的平均值是 77.09%，标准差是 8.67，表明各样本银行之间的核心资本充足率占比差距较大；样本银行核心资本充足率占比指标的峰度是 0.90，偏度是–0.54，也意味着样本银行核心资本充足率占比离散程度较大，分布扁平；样本银行核心资本充足率占比指标的中位数是 77.80%，最大值是 100.00%，最小值是 52.00%。16 家样本银行中，平安银行（2007 年）和光大银行（2006 年）核心资本充足率占比达到了 100%，并且有 43%的样本银行超过了 80%。

从负债/所有者权益指标来看，样本银行负债/所有者权益指标的平均值是 1 744.05%，标准差是 609.29，峰度是 4.39，偏度是 1.87，表明各样本银行之间的负债/所有者权益的值差距较大，但是样本总体分布比较集中，呈现比较尖峭的分布；样本银行负债/所有者权益指标的中位数是 1 587.65%，最大值是 4 437.03%，最小值是 665.04%，其中华夏银行 2007 年的负债/所有者权益的值为 4 437.03%，南京银行 2007 年的负债/所有者权益的值为 665.04%。样本银行中，28.3%的样本银行的负债/所有者权益的值超过了 2 000%，96.7%的样本银行的负债/所有者权益的值超过了 1 000%。

从负债平均成本指标来看，样本银行负债平均成本指标的平均值是 2.20%，标准差是 0.58，表明各样本银行负债平均成本之间的差距较小，样本银行负债平均成本指标的峰度是–0.99，偏度是 0.43，意味着样本银行负债平均成本指标分布平坦；样本银行负债平均成本指标的中位数是 2.05%，最大值是 3.48%，最小值是 1.26%。16 家样本银行中，有三家银行包括平安银行（2008 年）、华夏银行（2008 年）和宁波银行（2011 年）的负债平均成本超过了 3%，并且有 42.4%的样本银行的负债平均成本超过了 2%，其余 57.6%的样本银行的负债平均成本低于 2%但是高于 1%。

（三）相关分析

基于 2006—2014 年各样本银行的数据，本部分采用皮尔逊相关系数分析法考察资本监管和银行融资行为之间的关系。皮尔逊相关系数又称为皮尔逊积矩相关系数，是用来反映两个变量线性相关程度的统计量。

皮尔逊相关系数 r 的计算公式是

$$r=\frac{1}{n-1}\sum_{i=1}^{n}\left(\frac{x_i-\overline{x}}{S_x}\right)\left(\frac{y_i-\overline{y}}{S_y}\right)$$

其中 n 为样本量，x_i、y_i 分别为变量的观测值，$\overline{x}$、$\overline{y}$ 为变量的均值，S_x、S_y 为离差。r 描述的是两个变量间线性相关强弱的程度，r 的绝对值越大表明相关性越强。

各变量相关系数矩阵见表 5–4。

表 5–4 各变量相关系数矩阵①

	CAP	¹CCAP	²CCAP	ACD	SIZE	CAPLOW	CAPHIGH
CAP	—	0.383** 0.002	–0.699** 0.000	0.007 0.944	–0.230* 0.027	–0.305** 0.003	0.888** 0.000
¹CCAP	0.383** 0.002	—	–0.646** 0.000	–0.132 0.211	–0.023 0.828	0.297** 0.004	0.623** 0.000
²CCAP	–0.699** 0.000	–0.646** 0.000	—	0.145 0.168	–0.117 0.265	0.332** 0.001	–0.710* 0.000
CAD	0.007 0.944	–0.132 0.211	0.145 0.168	—	–0.324** 0.002	0.088 0.402	–0.054 0.610
SIZE	–0.230* 0.027	–0.023 0.828	–0.117 0.265	–0.324** 0.002	—	–0.154 0.143	–0.208* 0.047
CAPLOW	–0.305** 0.003	0.297** 0.004	0.332** 0.001	0.088 0.402	–0.154 0.143	—	–0.125 0.235
CAPHIGH	0.888** 0.000	0.623** 0.000	–0.710** 0.000	–0.054 0.610	–0.208* 0.047	–0.125 0.235	—

采用皮尔逊相关系数法进行分析的结果如下。

第一，资本充足率与核心资本充足率占比、监管压力 CAPHIGH 正相关，并且显著；资本充足率与负债/所有者权益、规模及监管压力 CAPLOW 负相关，并且显著；资本充足率与负债平均成本之间没有明显的相关关系。

资本充足率和核心资本充足率占比的相关系数为 0.383，*P* 值为 0.002，因此资本充足率和核心资本充足率占比在 1%置信水平下正相关，并且显著；资本充足率和监管压力 CAPHIGH 的相关系数为 0.888，*P* 值近似为 0，因此资本充足率和监管压力 CAPHIGH 在 1%的置信水平下正相关，并且显著。这意味着在严格的监管压力下，资本充足率越高的样本银行，其核心资本所占的比重越大。

资本充足率和负债/所有者权益的相关系数为–0.699，*P* 值近似为 0，因此资本充足率和负债/所有者权益在 1%的置信水平下负相关，并

① 表格中第一行数字为皮尔逊相关系数，第二行数字为双尾检验概率，**表明在 1%水平下显著，*表明在 5%水平下显著。

且显著。这个结论和资本充足率与核心资本充足率占比正相关的结论一致。由于核心资本主要表现为商业银行所有者权益，因此资本充足率和负债/所有者权益负相关，意味着资本充足率越高的样本银行，负债比例越低，即附属资本比例越低。资本充足率和规模的相关系数为–0.230，*P* 值为 0.027，因此资本充足率和规模在 5%的置信水平下负相关，并且显著，意味着规模越大的样本银行，其资本充足率反而越低。资本充足率和监管压力 CAPLOW 的相关系数为–0.305，*P* 值为 0.003，因此资本充足率和监管压力 CAPLOW 在 1%的置信水平下负相关，并且显著。

资本充足率和负债平均成本的相关系数为 0.007，*P* 值为 0.944，因此资本充足率和负债平均成本之间没有明显的相关关系。我国银行业总体上属于资本消耗型，收入主要来自于利差。负债平均成本反映的是利息支出占商业银行负债平均余额的比例，利息支出不仅包括客户存款利息支付，还包括同业存拆入及对央行负债，以及其他借入资金的利息支付，利息支出过高会影响银行的盈利水平。早在 2005 年，全国股份制商业银行行长联席会议就提出要以降低资本占用为中心，大力调整资产结构，以提升资产负债管理水平为核心，积极调整负债结构，以提高服务能力为基点，主动调整客户结构，以发展零售银行业务和中间业务为重点，加快调整业务结构，以扩大非利息收入为基础，逐步调整收入结构。

第二，核心资本充足率占比与监管压力正相关，并且显著；核心资本充足率占比与负债/所有者权益负相关，并且显著；核心资本充足率占比与负债平均成本、规模之间没有明显的相关关系。

核心资本充足率占比和监管压力 CAPHIGH 的相关系数为 0.623，*P* 值近似为 0，因此核心资本充足率占比和监管压力 CAPHIGH 在 1%的置信水平下正相关，并且显著；核心资本充足率占比和监管压力 CAPLOW 的相关系数为 0.297，*P* 值为 0.004，因此核心资本充足率占比和监管压力 CAPLOW 在 5%的置信水平下正相关，并且显著。这意味着在监管部门严格的要求下，商业银行积极补充核心资本以迎合监管要求。

核心资本充足率占比和负债/所有者权益的相关系数为–0.646，*P* 值近似为 0，因此核心资本充足率占比和负债/所有者权益在 1%的置信水平下负相关，并且显著，意味着核心资本在银行资本中所占的比重越高，银行负债越低，即附属资本比重越低；核心资本充足率占比和负债平均成本的相关系数为–0.132，*P* 值为 0.211，核心资本充足率占比和规模的相关系数为–0.023，*P* 值为 0.828，因此核心资本充足率占比与负债平均成本、规模之间没有明显的相关关系。

第三，负债/所有者权益与监管压力 CAPLOW 正相关，并且显著，而与监管压力 CAPHIGH 负相关，并且显著。

负债/所有者权益和规模的相关系数为–0.117，*P* 值为 0.265，因此负债/所有者权益和规模之间没有明显的相关关系；负债/所有者权益和监管压力 CAPLOW 的相关系数为 0.332，*P* 值为 0.001，因此负债/所有者权益和监管压力 CAPLOW 在 1%的置信水平下正相关，并且显著；负债/所有者权益和监管压力 CAPHIGH 的相关系数为–0.710，*P* 值近似为 0，因此负债/所有者权益和监管压力 CAPHIGH 在 1%的置信水平下负相关，并且显著。

第四，负债平均成本与规模负相关，并且显著。

负债平均成本和负债/所有者权益的相关系数为 0.145，*P* 值为 0.168，因此负债平均成本和负债/所有者权益之间没有明显的相关关系；负债平均成本和监管压力 CAPHIGH 的相关系数为–0.054，*P* 值为 0.610，因此负债平均成本和监管压力 CAPHIGH 之间没有明显的相关关系；负债平均成本和监管压力 CAPLOW 的相关系数为 0.088，*P* 值为 0.402，因此负债平均成本和监管压力 CAPLOW 之间没有明显的相关关系；负债平均成本和规模的相关系数为–0.324，*P* 值为 0.002，因此负债平均成本和规模在 5%的置信水平下负相关，并且显著。

小　　结

本章利用比较分析法、描述性统计和皮尔逊相关系数分析法，基于 2006—2014 年 16 家样本银行数据对资本监管和银行融资行为进行了研究，结论如下。

第一，三类银行的融资结构和融资成本存在差异。从三类银行对比结果来看，国有商业银行和股份制商业银行的负债/所有者权益指标的平均值较高，城市商业银行的负债/所有者权益指标的平均值较低；国有商业银行负债平均成本均值相对较低，国有商业银行在吸收存款方面的垄断性地位决定了存款所占负债比例具有绝对优势，股份制商业银行和城市商业银行的负债平均成本均值相对较高。企业不同的融资结构不仅影响企业的融资成本，也会对经理产生不同的激励效果，从而影响企业的价值。

第二，资本充足率与核心资本充足率占比、监管压力 CAPHIGH 正相关，并且显著，而与负债/所有者权益、规模及监管压力 CAPLOW 负相关，并且显著。

第三，核心资本充足率占比与监管压力正相关，并且显著，与负债/所有者权益负相关，并且显著。这表明，监管压力越大的银行，其核心资本充足率占比越高；负债/所有者权益越高的银行，其核心资本充足率占比越低。

第四，负债平均成本和规模负相关，并且显著。这意味着规模越大的银行的负债平均成本越低，反之，规模越小的银行的负债平均成本越高。

第六章

资本监管与银行综合绩效

第一节　研 究 回 顾

一、主要绩效评价方法

（一）企业绩效评价

企业绩效管理和绩效评价的研究一直是经济管理学科关注的焦点问题。严格意义上的企业绩效评价产生于 20 世纪 30 年代以后。1939 年，美国学者 Kesner 首先研究了美国经理人的报酬和绩效评价的关系。从时间维度来看，企业绩效评价主要经历了三个发展阶段：19 世纪初至 20 世纪初的成本绩效评价阶段，20 世纪初至 20 世纪 90 年代的财务绩效评价阶段，20 世纪 90 年代至今的企业绩效评价指标创新阶段。在第一阶段，学术界的研究主要侧重于企业内部的职责分工、生产组织和管理活动，关注的重点是生产和管理效率，代表消耗的成本费用是绩效评价的主要指标。在第二阶段，Brown 创立了以股权收益率（rate of return on equity，ROE）为核心的杜邦财务分析法，该方法通过对股权收益率的层层分解，将财务分析延伸到企业的资本结构、资产运营、产品生产、费用控制等各个方面。在该阶段降低经营成本、提高利润率、优化资本结构成为企业绩效评价的主流。在第三阶段，企业的绩效评价进入到更深入的阶段，在重视财务指标的同时，更加关注非财务指标，注重财务指标和非财务指标的平衡逐渐成为企业绩效评价的主导思想。在该阶段比较有代表性的是美国学者罗伯特·卡普兰（Robert Kaplan）和戴维·诺顿（David Norton）提出的著名的平衡计分卡，它解决了如何把企业的战略转化为员工日常行动的管理学难题，颠覆了传统的企业业绩评价标准。从企业绩效的评价指标角度来看，传统的企业绩效评价指标有股权收益率、资产回报率（ROA）、利润率（PM）、经济增加值（EVA）、托宾Q值等，现代的企业绩效评价融入了更多的内容，如很多学者认为，简单的财务评价忽视了战略制定过程中的关键问题，因此可以将企业的竞争能力、与顾客的关系等非财务评价指标纳入企业绩效的评价内容中来，不仅要注重结果评价，而且应该关注过程评价，从而构建一个更为全面、相关、前瞻的绩效计量框架。

因此，总体上看，企业的绩效评价方法演变特点是：从单一指标向综合考虑利益相关者各方面转化；从关注结果向关注过程转化；从关注短期利益向综合考虑企业长远发展角度转化；更加注重财务评价与非财务评价的结合及综合评价。

（二）银行绩效评价

作为一类特殊的企业，银行绩效评价和一般企业绩效评价既有相同之处，也有较大的区别。目前，常用的银行绩效评价方法有以下五种方法。

1. 基于平衡计分卡的银行绩效评价

1990年，美国诺朗诺顿研究所进行了一项题为“衡量未来组织的效绩”的课题研究，之后经过对美国石水公司、FMC公司等12家公司进行一年左右的研究后总结出了著名的“平衡计分卡”（balanced scorecard，BSC）绩效衡量方法。哈佛大学教授Robert Kaplan与诺朗诺顿研究院（Nolan Norton Institute）的执行长David Norton为此做出了卓越贡献。平衡计分卡方法综合考虑了财务、员工、顾客及企业内部流程四个维度，平衡了短期与长期、外部与内部、财务与非财务业绩，促进了“结果”考核与“过程”考核相结合，充分考虑了短期与长期利益、局部与整体利益的均衡，因此广受欢迎。国内学者赵国杰等、张佳林等、黄慧馨等、贺丹丹、朱芳、邓颖、曲伟功、张弦、于挺等在构建商业银行绩效评价体系时都用到了平衡计分卡。平衡计分卡的详细描述如图 6–1 所示。

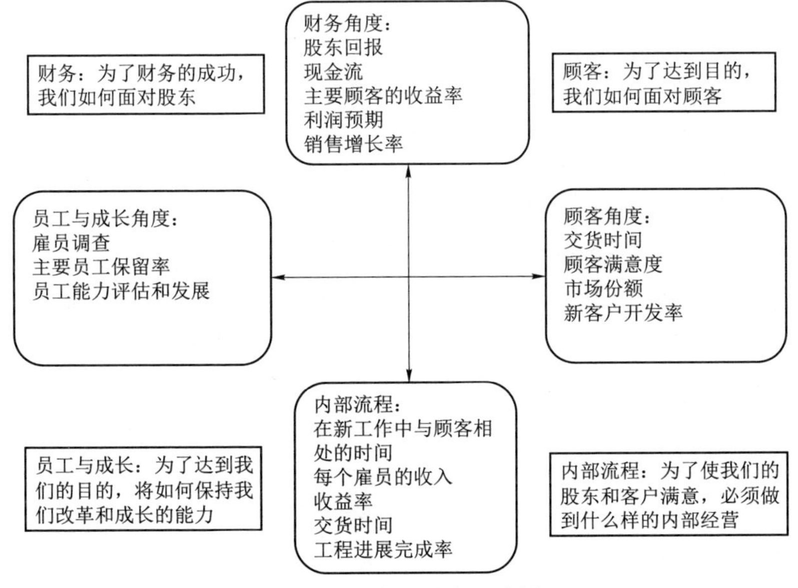

图 6–1 平衡计分卡示意图

2. 基于 EVA 的银行绩效评价

经济增加值（economic value added，EVA）是 20 世纪 80 年代兴起的业绩评价指标，由美国 Stern Stewart 咨询公司创立。EVA 表示一个公司扣除资本成本（cost of capital，COC）后的资本收益（return on capital，ROC）。按照贝内特·斯图尔特（Bennett Stewart）的定义，EVA 是资本收益与资本成本的差额，用公式表示为

$$
\begin{aligned}
EVA &= \text{资本收益} - \text{资本成本} = \text{销售额} - \text{经营成本} - \text{资本成本} \\
&= \text{税后经营利润} - \text{资本投入额} \times \text{加权平均资本成本率}
\end{aligned}
$$

其中，税后经营利润是企业营业收入减去除利息支出以外的全部经营费用和成本后的净值；资本投入额是扣减折旧以后的现金投入量，是投资者投入企业经营的全部资金的账面价值，包括债务资本和权益资本；加权平均资本成本率是投资者在同等风险条件下投资于其他相

关领域可能获得的收益率。目前，国内学者利用 EVA 评价银行绩效也比较普遍。

3. 基于 CAMEL 模型的银行绩效评价

CAMEL 评级体系是美国金融管理部门对商业银行及其他金融机构的业务经营、信用状况等进行的一整套规范化、制度化和指标化的综合等级评定制度，也是美国监管部门在对商业银行经营状况进行全面评估时使用的统一标准，正式名称是“联邦监理机构内部统一银行评级体系”。CAMEL 评级体系包括资本的充足程度（capital adequacy）、资产质量（asset quality）、管理者的领导能力（management）、盈利水平（earnings）和流动性（liquidity）5 项考评指标，简称 CAMEL 评价体系或骆驼评价体系。

4. 基于 DEA 的银行绩效评价

数据包络分析（data envelopment analysis，DEA）是由美国著名数学家和经济管理学家 A. Charnes 和 W. W. Cooper 等人在 1978 年开创的，能够较好地处理多投入–多产出的指标体系。数据包络分析主要是通过保持决策单元（decision making unites，DMU）的输入与输出不变，借助数学规划进行分析，通过比较决策单元偏离 DEA 前沿面的程度来评价它们的相对有效性。

5. 基于层次分析法的银行绩效评价

层次分析法（AHP）是由美国学者萨泰教授（A. L. Saaty）提出的一种分析方法，其主要功能是对多因素的复杂系统，特别是对难以定量描述的社会复杂系统进行综合性的定性和定量分析。层次分析法的特点是根据问题的性质及要达到的总目标，将问题分解为不同因素，并按照因素间的相互关系按不同层次聚集组合，形成一个多层次的分析结构模型。运用层次分析法一般分为五个步骤：第一，建立分析对象的层次结构模型；第二，通过数据处理，构造判断矩阵；第三，完成层次单排序并对其进行一致性检验；第四，完成层次总排序并对其进行一致性检验；第五，根据具体情况，对判断矩阵及层次排序模型做适当调整和修正，最终计算出最低层的诸因素相对于最高层系统的总目标的相对重要性权值，从而确定决策方案及诸方案的优劣顺序。国内学者杨淑萍、陈嘉立等利用层次分析法对银行绩效进行了研究。

以上是几种主要的银行绩效评价方法，此外，还有主成分分析法、杜邦财务分析法等。在构建银行绩效评价体系时，选取的评价指标主要有三类，即财务绩效指标、经营效率指标和综合绩效指标。财务绩效指标主要包括股权收益率、总资产收益率、成本收入比、经济增加值等财务指标；经营效率指标方面，一般选用人均存款、人均收入、人均利润等简单效率指标；综合绩效指标方面，主要是通过构建能够反映银行财务和非财务等各方面能力的指标，对银行的经营成果进行综合评价。

2011 年，我国财政部为了进一步规范金融企业绩效评价工作，印发了《金融企业绩效评价办法》，提出金融企业绩效考评的 4 项指标。其中，盈利能力指标包括资产利润率、资本利润率、成本收入比、收入利润率、支出利润率、加权平均净资产收益率 6 个指标；经营增长指标包括利润增长率、国有资本保值增值率、经济利润率 3 个指标；资产质量指标包括拨备覆盖率、不良贷款率、杠杆率、认可资产率、应收账款比率、净资本与风险准备比率、净资本与净资产比率 7 个指标；偿付能力指标包括资产负债率、资本充足率、核心资本充足率、偿付能力充足率、净资本负债率 5 个指标。

二、资本监管与银行绩效

人们对资本监管与银行绩效的关系的研究是最近几年的事情。2009 年，D. M. Mathuva 用资产收益率和权益报酬率作为代理变量，对肯尼亚 1998—2007 年的数据进行分析，发现商业银行营利性与核心资本充足率正相关，可以通过降低财务困境成本（含破产）来提高银行营利性。2009 年，Samy Ben Naceur 和 Magda Kandil 通过实证研究发现，资本充足率的增加提高了股东在管理银行资产组合中的收益，资本充足监管有利于提高埃及银行业的经营绩效。James R. Barth 和 Frank M. Song 分别于 2009 年和 2010 年对 1999—2007 年间 72 个国家银行业数据进行研究，研究发现对银行经营活动的严格限制将降低银行效率，而对银行进行严格的资本监管将提高银行效率。2010 年，Yung–ho Chiu 等运用 DEA 方法对中国台湾地区的 46 家银行 2000—2002 年的数据进行分析，发现资本充足率对评价银行的经营效率有重大影响，资本充足率较高的银行其经营效率高于资本充足率较低的银行，具有较高风险资本要求的银行其经营效率优于具有较低风险资本要求的银行，同时具有较高资本充足率和较高风险资本要求的银行在经营业绩方面优于其他所有银行。2011 年，Oladejo 等就资本监管与尼日利亚银行绩效的关系进行了研究，认为尼日利亚的资本充足率过高。2011 年，Paolo Saona Hoffmann 对 1995—2007 年美国银行业营利性的决定因素进行研究，发现资本充足率与营利性负相关。

2005 年，刘海云、魏文军、欧阳建新以 1996—2002 年为样本研究区间，对 15 家银行的经营业绩进行研究，发现资本比率与经营业绩正相关。2007 年，刘世荣也发现，资产收益率与资本充足率正相关。2009 年，陈国辉、李婷通过对我国银行控股公司 2003—2007 年的财务数据进行研究，发现银行盈利水平与资本的变动没有显著的相关关系。2009 年，李宇嘉、陆军通过对美国银行业和我国 4 家国有控股商业银行，以及 8 家股份制商业银行进行实证分析，发现资本监管对银行风险承担、资产收益率的影响是非线性的。2009 年，赵瑞、杨有振从资本结构的角度出发，实证分析了我国商业银行资本结构与盈利能力之间的关系，结果表明商业银行的融资结构与盈利能力之间呈正相关关系，附属资本占总资本的比重越高，银行的资产利润率越高；国有股权占比与盈利能力负相关；商业银行第一大股东的持股比例与资产利润率正相关；商业银行资本充足率与资产利润率显著正相关，但系数相对较小。2010 年，方华提出，监管部门对商业银行的核心资本充足率要求与商业银行的资产风险平均权重负相关，当核心资本充足率标准提高时，商业银行更倾向于增加国债、政策性金融债等低风险资产，而由于净息差或净利息收益率的降低，同等规模的等量生息资产带来的净利息收入也会相应减少。2010 年，顾晓敏、于夏在对我国 14 家上市银行 2005 年至 2009 年的混合数据进行回归分析后发现，商业银行资本充足率与银行绩效水平并没有显著的正相关性，我国上市银行资本充足监管有效性并不明显。2011 年，李喜梅运用主成分分析法，选取商业银行的流动性、营利性、安全性三个指标，对商业银行的综合绩效进行了研究，同时考察了资本结构对其综合绩效的影响。2012 年，蒋健、赵洋选取我国 36 家商业银行 2004 年至 2009 年的数据作为样本数据，对我国商业银行资本充足率与资产收益率之间的关系进行了实证检验，结果表明商业银行的资本充足率对其盈利能力具有较为明显的正向影响。显然，资本监管如何影响银行的绩效目前尚无定论。因此，本部分研究将构建资本监管和银行绩效关系的影响传导机制模型，然后选取我国 16 家上市银行作为样本，采用财政部在《金融企业绩效评价办法》中提出的 4 项指标，结合 CAMEL 评价体系的 5 项考核指标，并利用主成分分析法计算出银行的综合绩效，来研究资本监管对商业银行综合绩效的影响。

第二节 资本监管与银行综合绩效的传导机制

一、通过影响风险行为，影响银行的资金投向和营业收入

资本是商业银行从事经营活动必须注入的资金，任何企业的经营都需要一定的资本来启动。银行资本为银行的开业、正常经营及持续增长提供了资金来源。在银行的日常经营过程中，银行资本可以直接转化为可用资金头寸，用来满足银行的日常资金需求。同时，银行资本为其业务的开拓和扩大提供了资金来源。早期的商业银行是指接受活期存款，并主要为工商企业提供短期贷款的金融机构。但现代意义上的商业银行已经成为资金规模雄厚，经营范围无所不及的金融机构。商业银行既是资金的供应者，也是资金的需求者。作为资金的供应者，商业银行主要通过发放各种类型的贷款和投资来提供资金，许多商业银行还经营信托、租赁等中间业务，以及证券承销、企业并购、资产管理等投资银行业务，还有保险业务等。商业银行成了提供全能服务的“金融百货公司”。此外，商业银行还能通过派生存款的方式

创造和收缩货币流通量，对整个金融市场的资金供应和需求产生着巨大影响。

作为经营货币的特殊企业，商业银行和一般企业不同的是，商业银行经营的不是一般的产品和劳务，而是一般等价物，即货币。商业银行的经营活动贯穿社会经济的生产、流通、分配及消费的全过程，对国家乃至世界经济有重大影响。但是和其他类型的企业一样，商业银行也有追求利润的经营目标，而为了追求更高的利润，肯定会有冒风险的冲动，因为风险和收益相伴而生，风险越大意味着收益越高，反过来收益越高也意味着风险越大。产生风险的原因有外部环境的客观因素，如宏观经济条件、国家经济政策、宏观金融政策、市场竞争、利率变动、汇率变动，更有内部的主观因素，如银行信息的不灵敏、管理者对风险认识不充分、决策失误及其他人为因素。随着经营环境的复杂和竞争的加剧，风险已经成为银行经营管理者不可忽略的重要因素。目前，风险管理占据了银行管理的核心地位。一般来说，银行经营过程中可能会遇到信用风险、市场风险、操作风险、利率风险、战略风险、声誉风险等，由于银行高负债经营的特点，安全性始终是银行首要关注的问题。由于资本的逐利性，依靠银行自身自觉地规避风险往往很难实现，必须依靠外部监管的力量要求银行稳健经营，迫使银行作为资金契约的代理人按照委托人的意愿进行资金运用，切实保护存款人的利益；另外，资本也是商业银行存在的前提和发展的基础，当银行确实面临资不抵债或重要流动性匮乏等情况时，可以通过补充资本金等方式进行补救，以最大限度地保护委托人的利益。

因此，资本监管可以深刻影响商业银行的经营理念。在经营理念上，虽然许多银行家认同效益、质量、规模协调发展的重要性，但由于缺乏资本观念和资本约束，在实践中很容易遵循规模至上的经营理念，片面追求规模扩张。高息揽存，不计风险和成本放贷的现象在中国的银行中屡见不鲜，从而使银行自身背上沉重的不良贷款包袱，积累了大量的金融风险。因此，资本监管将深刻影响银行的经营理念，影响银行的资金运用行为，有利于激励银行把资金投向更安全、风险更低的活动或方案中，最大程度保证银行安全运用资金，实现稳健经营。资本监管将鼓励银行坚持走科学发展、持续发展的道路，改变传统的以追求存贷款规模为核心的粗放型增长方式，通过探索以较低资本消耗实现较高经营效益的持续发展模式，引导商业银行实现质量、效益、速度和规模协调发展。

二、通过影响融资行为，影响银行的资本结构和资金成本

作为资金的需求者，商业银行不仅可以吸收个人或机构的支票存款、储蓄存款和定期存款，还可以发行金融债券、参与同业拆借等。几乎所有的商业银行都将存款作为重要的资金来源，存款资金一般要占到商业银行资产的 70%以上。国有商业银行在吸收存款方面具有垄断性地位，而规模较小的商业银行吸收存款的能力较差，因此为了提高市场占有率，规模较小的商业银行会利用一些优惠措施吸引存款，故而也加大了负债平均成本，并促使中小商业银行开辟更多的资金渠道，实现金融业务创新。

商业银行要解决资本充足率问题，一种方法是缩小分母，即将风险资产从银行的资产负债表中剥离，降低风险资产额和资产负债率，而另一种方法是增大分子，即扩充商业银行的资本来源，增加资本规模，从而提高资本充足率。商业银行的融资渠道可以有配股、增发新股、定向募股、可转债、次级债、自身盈利等，而除了依靠自身盈利融资外，其他融资方式都会受到一定程度的政府政策限制。不同的融资结构产生不同的融资成本，从而对股东利益和公司价值产生不同的影响。商业银行要不断加强资产负债和融资结构管理，在外部资本监管的引导下，将监管资本、经济资本和账面资本的运营结合起来，在保证银行经营安全的同时，努力降低资本成本，增强自身盈利能力，从而获得直接有效、稳定可靠的资金支持。

三、资本监管对银行综合绩效影响的逻辑推导

资本监管通过影响银行的风险行为、资金投向、营业收入，以及银行的融资行为，影响银行的资金结构和资金成本，而银行的综合绩效是银行风险行为、融资行为及其他经营管理活动的共同结果，是多

种因素相互交织、相互作用的综合体现。因此，银行综合绩效指标应是反映银行偿债能力、盈利能力、增长能力、管理能力等各方面能力的综合指标，它不仅是银行各单方面指标的简单罗列，而且涉及各指标之间的相互作用和协同。建立适当模型，对资本监管与银行综合绩效的关系进行研究，有利于进一步考察外部资本监管与银行自身意愿之间的关系，从而为健全激励相容的资本监管机制建立更加完善的理论逻辑。

商业银行的收益主要为在监管资本支持下开展的各项业务活动的收入（包含信贷业务、资金业务、中间业务等），我们称之为综合业务收入。商业银行的成本主要是为取得经营所需资金而付出的融资成本（包含股东权益、吸收存款、发行债券、同业拆借等）和日常管理费用，统称为综合业务成本。

根据边际贡献递减规律和规模经济理论，在一定的社会经济容量下，随着银行经营规模的扩大和市场占有份额的提升，银行综合业务收入曲线呈现为先增长、后下降的趋势，函数的一阶导数逐渐变小，二阶导数为负，而银行综合业务成本曲线则呈现为逐步增长的趋势，函数的一阶导数逐渐变大，二阶导数为正，如图 6–2 所示。

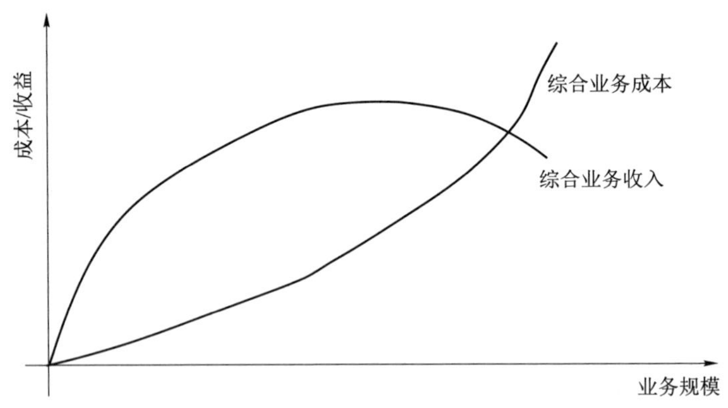

图 6–2　银行综合业务收入和综合业务成本曲线

银行资本监管的一个显著特点是监管部门为商业银行设定了一个监管标准，当银行资本充足率低于监管标准时，银行将受到监管部门的加强监管、降低评级、暂停批准新机构及新业务等处罚，银行因此而受到的损失称为监管罚款。当银行资本充足率达到监管标准并超过一定水平以后，银行并不能从监管部门获得额外利益。与此同时，资本充足率作为银行对外披露的一个核心经营指标，是银行综合素质的重要体现，对银行的信用评级和市场声誉有重要影响。当银行资本充足率低于监管标准时，银行无论是在产品市场还是在要素市场都将遭受一定程度的歧视，这时银行只有适当降低产品定价、提高要素定价，才能在产品和要素市场上获得与资本充足率较高银行同样的竞争力。当银行资本充足率高于监管标准时，资本充足率将成为银行开展经营活动的一种生产要素，并且按照边际贡献递减规律，随着资本充足率水平的提高，银行将会享受一定的资信溢价，可以通过适当提高产品定价、降低要素定价来获得收益。但是，当资本充足率达到一定水平以后，如果再持续增长，将会向市场传递银行过于保守、不善经营的负面信号，从而使资信溢价下降为零甚至负数，如图 6–3 所示。

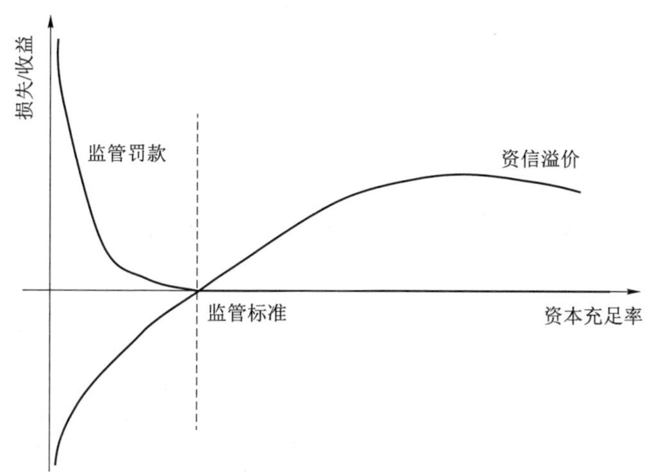

图 6–3 资信溢价和监管罚款曲线

由上述分析可知，无论是商业银行的业务绩效函数（综合业务收入–综合业务成本）还是监管绩效函数（资信溢价–监管罚款），均遵循边际贡献递减规律和规模经济条件下厂商利润函数的一般特征。在综合考虑商业银行业务规模和资本监管的条件下，综合绩效函数应具有最优解。因此，在激励相容的监管制度下，如果资本充足率未超过使监管绩效函数取负值的水平，资本监管对商业银行的综合绩效应该具有正向影响。

第三节 资本监管与银行综合绩效实证研究

一、变量选择

（一）综合绩效指标

1. 基础指标的选取

本部分研究结合财政部关于金融企业绩效考评的 4 项指标和 CAMEL 评价体系的 5 项考核指标体系，设定以下 5 类 11 项指标。

1）盈利能力指标

盈利能力指标主要反映金融企业在一定经营时期内的投入产出水平和盈利质量。本部分研究选取了净资产报酬率、总资产报酬率、成本收入比指标。

2）经营增长指标

经营增长指标主要反映金融企业的资本增值状况和经营增长水平。本部分研究选取了总资产增长率、利润增长率和股东权益增长率指标。

3）资产质量指标

资产质量指标主要反映金融企业所占用经济资源的利用效率、资产管理水平与资产的安全性。本部分研究选取了拨备覆盖率、不良贷款率指标。

4）偿付能力指标

偿付能力指标主要反映金融企业的债务负担水平、偿债能力及其面临的债务风险。本部分研究选取了资产负债率、流动性比率、核心资本充足率指标。

5）管理水平指标

一般认为，学历水平会影响一个人的知识水平、技能水平和管理水平，学历水平越高意味着管理水平越高。本部分研究选取了学历结构指标，具体为上市银行大专以上员工占比。

各变量指标解释和说明见表 6–1。

表 6–1　变量指标说明

指标名称		变量代码	指标说明
盈利能力指标	净资产报酬率	X1	扣除非经常性损益后的平均净资产报酬率，即（净利润/所有者权益）×100%
	成本收入比	X2	（业务及管理费用/营业收入）×100%
	总资产报酬率	X3	（税前利润/平均总资产）×100%
经营增长指标	利润增长率	X4	净利润增长率
	股东权益增长率	X5	所有者权益增长率
资产质量指标	拨备覆盖率	X6	（银行贷款减值准备余额/不良贷款余额）×100%
	不良贷款率	X7	（不良贷款余额/客户贷款及垫款总额）×100%
偿付能力指标	资产负债率	X8	（年末负债总额/年末资产总额）×100%
	流动性比率	X9	（流动资产/流动负债）×100%
	核心资本充足率	X10	（核心资本/加权风险资产）×100%
管理水平指标	大专以上员工占比	X11	（拥有大专以上学历的员工数量/员工数量）×100%

2. 综合绩效指标计算

本部分的综合绩效指标采用主成分分析法计算。主成分分析法是一种客观的、全面的从多方面考察研究对象以分析问题的方法。对于涉及银行综合绩效的多个指标，如果一个一个地进行分析，无疑会造成对银行业绩的片面的认识，也不容易得出综合的、一致性很好的结论，而主成分分析法可以考虑各指标间的相互关系，利用降维的思想把多个指标转换成较少的、互不相关的几个综合指标，从而使对商业银行综合绩效的进一步研究变得简单易行。因此，在接下来的研究中，首先利用主成分分析法把 11 个指标综合为 m 个主成分，再赋予各个主成分一定比例的权重，最后计算出上市银行的综合绩效指标值。

具体方法和步骤如下。

1）对逆指标进行正向化处理①

在本部分建立的 11 个指标中，成本收入比和不良贷款率属于逆指标，要对其进行正向化处理，公式如下：

成本收入比（X2）=100%–原始值；

不良贷款率（X7）=100%–原始值。

2）对各个指标进行标准化处理，以消除量纲不同的影响

本部分实证分析所需要的样本银行原始数据见附表。

标准化处理的公式如下：

$$Z_{ij}=\frac{x_{ij}-\overline{x}_j}{s_j}\quad (i=1,2,\cdots,n;\quad j=1,2,\cdots,p),$$

其中，

$$\overline{x}_j=\frac{\sum x_{ij}}{n},$$

$$s_j{}^2=\frac{\sum (x_{ij}-\overline{x})^2}{n-1},$$

$$\overline{x}=\frac{1}{n}\sum x_i\quad (i=1,2,\cdots,n);$$

Z_{ij} 表示样本银行第 i 年、第 j 个指标的标准值，x_{ij} 表示样本银行第 i 年、第 j 个原始指标值。由于研究是基于样本银行 2006 年至 2014 年的 11 个指标，所以在这里，n=9，p=11。

3）利用 SPSS 软件，得到方差分解主成分提取分析表和初始因子载荷矩阵

在运用主成分分析法对原始数据进行处理前，首先要对其做 Bartlett 球形检验和 KMO 检验。结果显示，KMO 的值为 0.620，Bartlett 检验统计量在 1%的水平下显著，说明各指标之间存在较强的相关性，原始数据符合进行主成分分析的条件。

① 本步骤中没有对核心资本充足率、资产负债率等适度指标进行处理，一方面是由于样本银行同属商业银行，另一方面，本书认为适度指标上限或下限的界定带有很强的人为因素，不一定是真正的适度。

表 6–2 是方差分解主成分提取分析表，表 6–3 是主成分分析的初始因子载荷矩阵。特征值在某种程度上可以被看成是表示主成分影响力度大小的指标，主成分个数提取的原则为主成分对应的特征值大于 1 的前 m 个主成分。根据表 6–3，前 5 个主成分的特征值大于 1，对应的方差解释能力分别为 29.008%、19.014%、13.260%、11.756%和 9.096%，说明这 5 个因子能够反映原来 11 个指标的大部分信息，可以用来替代原来的 11 个指标，因此可以提取 5 个主成分，用以代替原来的 11 个变量指标。

表 6–2　方差分解主成分提取分析表[①]

指标名称	特征值	方差贡献率/%	累计贡献率/%
第一主成分	3.191	29.008	29.008
第二主成分	2.092	19.014	48.022
第三主成分	1.459	13.260	61.282
第四主成分	1.293	11.756	73.038
第五主成分	1.001	9.096	82.134
第六主成分	0.706	6.414	88.548
第七主成分	0.466	4.239	92.787
第八主成分	0.426	3.868	96.655
第九主成分	0.247	2.249	98.904
第十主成分	0.092	0.838	99.742
第十一主成分	0.028	0.258	100.000

根据表 6–3，第一主成分上资产负债率和核心资本充足率的载荷比较高，反映了样本银行的偿付能力信息，因此第一主成分可以称为偿付能力；第二主成分上拨备覆盖率和不良贷款率的载荷比较高，反映了样本银行的资产质量信息，因此第二主成分可以称为资产质量；第三主成分上净资产报酬率的载荷比较高，反映了样本银行的盈利能力信息，因此第三主成分可以称为盈利能力；第四主成分上利润增长

① 资料来源：SPSS 分析结果。

率和股东权益增长率的载荷比较高，反映了样本银行的经营增长信息，因此第四主成分可以称为增长能力；第五主成分上大专以上员工占比的载荷比较高，反映了样本银行的管理能力信息，因此第五主成分可以称为管理水平。

表 6–3 主成分分析的初始因子载荷矩阵①

指标名称	变量代码	第一主成分	第二主成分	第三主成分	第四主成分	第五主成分
净资产报酬率	X1	–0.145	0.487	0.749	–0.051	0.063
成本收入比	X2	0.731	0.117	0.218	–0.320	0.146
总资产报酬率	X3	0.771	0.274	0.270	–0.251	–0.140
利润增长率	X4	–0.188	0.163	0.551	0.388	–0.282
股东权益增长率	X5	0.293	–0.172	–0.094	0.799	–0.059
拨备覆盖率	X6	0.250	0.859	–0.046	0.025	–0.076
不良贷款率	X7	0.293	0.732	–0.414	–0.054	0.137
资产负债率	X8	–0.922	0.191	0.155	–0.125	0.138
流动性比率	X9	0.154	–0.108	0.373	0.268	0.211
核心资本充足率	X10	0.913	–0.264	–0.057	0.211	–0.056
大专以上员工占比	X11	–0.249	0.565	–0.353	0.448	0.364

4）计算综合绩效

初始因子载荷矩阵中每一个载荷量都表示主成分与对应变量的相关系数。利用表 6–3 中主成分的相关系数除以主成分相对应的特征值，然后再开平方，便得到主成分中每个指标所对应的系数 A_{ij}。将 A_{ij} 与标准化后的数据 Z_{ij} 相乘得到主成分的线性表达式为

$$F_{i,T}=\sum(A_{ij}\times Z_{ij})\quad (i=1, 2, 3, 4, 5; j=1, 2, 3, \cdots, 11),$$

其中，$F_{i,T}$ 表示某银行 T 期的第 i 个主成分。

以每个主成分所对应的特征值占所提取主成分总的特征值之和的

① 根据 SPSS 分析结果整理。

比例 m_i 作为权重来计算主成分综合值

$$F_{B,T}=\sum(m_i\times F_{i,T}),$$

这里，$F_{B,T}$ 表示某银行 B 第 T 期的主成分综合值，即某银行 B 在 T 期的综合绩效；m_i 为第 i 个主成分所对应的特征值与所提取主成分总的特征值之和的比值。

根据主成分综合模型即可计算出样本银行的综合绩效。

（二）其他变量指标

1. 监管资本（capital，CAP）

本部分研究中，监管资本用资本充足率表示。

2. 监管压力（CAPLOW、CAPHIGH）

本部分研究仍采用 Shrieves 和 Dahl 对监管压力的定义方法，利用 CAPLOW 和 CAPHIGH 两个变量衡量资本监管对银行行为的影响。$CAPLOW_{B,T}$、$CAPHIGH_{B,T}$ 表示银行 B 在 T 期的情况，并且设定：

当银行资本充足率低于 8%的最低监管要求时，$CAPLOW_{B,T}$= 1/CAP−1/8%，否则，$CAPLOW_{B,T}$=0；

当银行资本充足率高于 8%的最低监管要求时，$CAPHIGH_{B,T}$= 1/8%− 1/CAP，否则，$CAPHIGH_{B,T}$=0。

3. 最大股东持股比例（top one，TO）

多位学者在研究中指出，股权结构和银行绩效之间有显著的相关关系，如郭永利等认为银行资本结构的选择不仅是为了应付资本监管要求，更是影响绩效的重要因素，是公司治理的重要内容。因此，最大股东持股比例被作为待考察的解释变量指标之一。

4. 前十大股东持股比例（top ten，TT）

前十大股东持股比例反映了股权的集中度情况。赵瑞认为银行的股权集中度与不良贷款在短期内正相关，而股权集中度与流动比率负相关；李喜梅、胡棋智认为我国股份制上市商业银行股权比率与负债比率决定机制相关依赖。在本部分研究中，前十大股东持股比例也被作为待考察的解释变量指标之一。

5. 规模（SIZE）

利用规模作为一个影响变量，考察银行资产规模对资本和风险水平调整的规模效应，用银行总资产的自然对数（ln(Asset)）表示该变量。

各变量指标说明见表 6–4。

表 6–4 变量指标说明

指标名称	指标代码	指标说明
综合绩效	F	利用主成分分析获得；$F_{B,T}$表示银行 B 在 T 期的综合绩效
监管资本	CAP	利用资本充足率表示；$CAP_{B,T}$表示银行 B 在 T 期的资本充足率
监管压力	CAPLOW、CAPHIGH	当资本充足率低于 8%时，CAPLOW=1/CAP–1/8%，否则，CAPLOW=0；$CAPLOW_{B,T}$表示银行 B 在 T 期的值；当资本充足率高于 8%时，CAPHIGH=1/8% –1/CAP，否则，CAPHIGH=0；$CAPHIGH_{B,T}$表示银行 B 在 T 期的值
最大股东持股比例	TO	最大股东股份/所有股份；$TO_{B,T}$表示银行 B 在 T 期的最大股东持股比例
前十大股东持股比例	TT	前十大股东股份/所有股份；$TT_{B,T}$表示银行 B 在 T 期的前十大股东持股比例
规模	SIZE	银行总资产的自然对数（ln(Asset)）；$SIZE_{B,T}$表示银行 B 在 T 期的规模

二、模型构建

资本监管的目的是将外部风险内部化，通过提高银行内部经营效率，在保持宏观经济稳定性的同时，实现银行的稳健发展。近年来，已有相关文献通过实证分析研究了商业银行资本充足率与盈利能力之间的关系，如 Berger 和 García Herrero 等人都得出了资本充足率与银行盈利能力呈正相关关系。本部分研究在前人研究的基础上，引入由资产质量、盈利能力、增长能力、偿债能力等多方面指标构成的综合绩效指标，考察资本监管对银行综合绩效的影响。一般认为，资本充足率较高的银行在金融市场上往往声誉更好，其破产成本也更高，银行具有较大的动力通过全面的风险管理，平衡盈利、资产质量、增长

能力等各项指标，达到银行综合绩效的最优。因此，为了检验资本监管和银行综合绩效的关系，构建如下模型

$$F_{B,T}=d_0+d_1CAP_{B,T}+d_2TO_{B,T}+d_3TT_{B,T}+d_4SIZE_{B,T}+d_5CAPLOW_{B,T}+d_6CAPHIGH_{B,T},$$

其中，$d_i(i=0, 1, \cdots, 6)$可以为任意实数。

三、实证分析

（一）三类银行对比

1. 原始绩效指标对比

表 6–5、表 6–6、表 6–7 分别是国有商业银行、股份制商业银行和城市商业银行在 2006 年到 2014 年期间原始绩效指标年度均值情况。

表 6–5　2006—2014 年国有商业银行原始绩效指标年度均值

单位：%

	2006 年	2007 年	2008 年	2009 年	2010 年	2011 年	2012 年	2013 年	2014 年	均值
X1	14.42	16.71	19.06	19.09	21.26	20.94	20.36	19.44	18.21	18.78
X2	37.76	37.18	33.30	36.98	33.19	31.65	31.27	30.79	29.80	34.89
X3	1.20	1.58	1.52	1.36	1.51	1.65	1.28	1.28	1.25	1.47
X4	29.51	53.00	30.49	18.13	31.95	25.80	15.03	10.99	6.57	24.61
X5	40.01	24.41	10.98	14.55	32.90	17.34	0.21	0.12	0.19	15.63
X6	80.30	102.93	125.07	149.55	199.98	249.72	275.99	267.09	216.45	185.23
X7	3.42	2.63	2.27	1.77	1.29	1.09	1.01	1.03	1.26	1.75
X8	93.66	93.41	93.76	94.67	94.01	93.86	93.41	93.29	92.66	93.64
X9	39.82	31.86	43.62	38.89	39.51	40.77	41.25	43.19	44.63	40.39
X10	10.53	10.58	10.32	8.83	9.92	9.98	10.68	10.41	11.17	10.27
X11	75.34	79.44	82.50	81.06	82.73	84.70	86.46	87.89	88.75	81.17

表 6–6　2006—2014 年股份制商业银行原始绩效指标年度均值

单位：%

	2006 年	2007 年	2008 年	2009 年	2010 年	2011 年	2012 年	2013 年	2014 年	均值
X1	19.37	21.74	20.74	19.50	21.02	21.17	18.24	17.97	16.94	20.59
X2	41.85	38.67	36.86	40.70	37.37	34.24	33.29	32.79	30.59	38.20

续表

	2006年	2007年	2008年	2009年	2010年	2011年	2012年	2013年	2014年	均值
X3	0.92	1.33	1.15	1.15	1.32	1.54	1.18	1.17	1.14	1.24
X4	79.80	91.42	37.27	102.00	46.61	47.64	35.89	20.81	13.79	52.80
X5	41.42	87.89	35.47	31.98	45.63	45.58	0.43	0.21	0.25	32.09
X6	112.62	138.00	171.37	228.55	285.80	364.45	332.82	268.47	213.84	235.10
X7	2.85	2.11	1.28	0.92	0.69	0.59	0.71	0.86	1.13	1.24
X8	96.50	95.35	95.33	95.44	94.82	94.32	94.21	93.87	93.45	94.81
X9	49.53	40.26	47.29	38.20	43.03	43.49	36.59	33.22	44.59	41.80
X10	5.61	7.64	7.27	7.34	8.08	8.74	8.69	9.05	9.03	7.94
X11	89.32	90.95	92.22	93.07	93.30	95.25	93.84	94.47	95.14	92.45

表6–7 2006—2014年城市商业银行原始绩效指标年度均值

单位：%

	2006年	2007年	2008年	2009年	2010年	2011年	2012年	2013年	2014年	均值
X1	24.54	18.68	15.91	14.64	17.84	17.51	18.47	18.65	18.81	18.19
X2	33.57	30.59	29.67	32.98	32.97	31.23	29.92	30.47	28.21	31.83
X3	1.44	1.62	1.85	1.45	1.42	1.49	1.23	1.14	1.10	1.55
X4	40.99	53.28	53.97	6.49	43.26	36.87	26.86	15.47	19.07	32.92
X5	31.77	200.93	16.89	9.67	44.05	17.10	0.25	0.11	0.26	15.58
X6	199.94	208.90	167.59	186.55	245.99	337.04	337.36	313.10	311.70	256.46
X7	2.13	1.40	1.37	1.01	0.78	0.66	0.73	0.81	0.90	1.09
X8	95.41	89.59	90.42	92.95	93.20	93.27	93.47	94.14	93.94	92.93
X9	71.22	59.14	56.56	44.84	41.62	41.68	38.54	40.27	44.63	48.72
X10	8.90	21.28	17.23	11.58	12.25	11.17	11.51	10.15	9.57	12.63
X11	80.83	83.84	86.10	86.78	89.31	91.10	92.00	93.67	95.33	86.33

从盈利能力指标X1、X2、X3均值来看，2006—2014年，国有商业银行、股份制商业银行和城市商业银行的净资产报酬率指标均值分别是18.78%、20.59%、18.19%，成本收入比指标均值分别是34.89%、38.20%、31.83%，总资产报酬率指标均值分别是1.47%、1.24%、1.55%；股份制商业银行的净资产报酬率和成本收入比要高于国有商业银行和城市

商业银行，城市商业银行的总资产报酬率要高于其他两类银行。但是，由于股份制商业银行和城市商业银行的指标标准相差较大，指标比较分散，很难从总体上比较出三类银行的盈利能力大小。从年度均值情况来看，国有商业银行的净资产报酬率和总资产报酬率大体上呈由低到高，再由高到低的趋势，而成本收入比总体上呈下滑趋势，2014 年净资产报酬率、成本收入比、总资产报酬率均值分别是 18.21%、29.80%、1.25%。股份制商业银行 2006—2014 年盈利能力均值也呈现了类似的变化，2014 年净资产报酬率、成本收入比、总资产报酬率均值分别是 16.94%、30.59%、1.14%。城市商业银行 2006—2014 年盈利能力指标均值小有波动，但是 2014 年的净资产报酬率和总资产报酬率明显低于 2006 年，2014 年净资产报酬率、成本收入比、总资产报酬率均值分别是 18.81%、28.21%、1.10%。

从经营增长指标 X4、X5 均值来看，2006—2014 年，国有商业银行、股份制商业银行和城市商业银行的利润增长率分别是 24.61%、52.80%、32.92%，国有商业银行、股份制商业银行和城市商业银行的股东权益增长率分别是 15.63%、32.09%、15.58%。国有商业银行中，工商银行 2007 年的利润增长率最高，为 66.79%，建设银行 2006 年的该指标最低，为–1.64%；工商银行 2006 年的股东权益增长率最高，为 80.64%，交通银行 2006 年的该指标最低，为 6.06%。股份制商业银行中，平安银行 2009 年的利润增长率最高，为 719.29%，而中信银行 2012 年和 2014 年的该指标分别是 0.69%、3.87%，数据离散程度很高；中信银行 2007 年股东权益增长率最高，为 164.34%，民生银行 2008 年的该指标最低，为 8.94%。城市商业银行中，南京银行 2006 年的利润增长率最高，为 62.06%，北京银行 2009 年的该指标最低，为 4.00%；南京银行 2007 年股东权益增长率最高，为 280.77%，但是 2009 年，南京银行的该指标降为 7.25%，为城市商业银行中的最低值。总体上看，股份制商业银行的利润和股东权益增长较快，但是不同银行之间的增长差距也非常大。从年度均值指标来看，三类银行的利润增长率指标和股东权益增长率指标都有较大的波动。

关于资产质量指标 X6、X7，前文已经作了介绍，这里不再赘述。

但是从整体上看，2006 年至 2012 年，国有商业银行的拨备覆盖率年度均值不断上升，2013 年后开始下降；2006 年至 2011 年，股份制商业银行的拨备覆盖率年度均值不断上升，2012 年后开始下降。2006 年至 2012 年，国有商业银行的不良贷款率年度均值不断下降，2013 年后开始上升；2006 年至 2011 年，股份制商业银行的不良贷款率年度均值不断下降，2012 年后开始上升。2008 年至 2012 年，城市商业银行的拨备覆盖率年度均值都在上升，2013 年后开始下降；2006 年至 2011 年，城市商业银行的不良贷款率年度均值不断下降，2012 年后开始上升。

从偿付能力指标 X8、X9、X10 来看，三类银行的资产负债率年度均值和均值指标都在 90%以上（城市商业银行 2007 年年度均值除外），并且标准差很小，数值比较集中；城市商业银行和股份制商业银行的流动性比率较高，典型的有北京银行（2006 年和 2007 年的流动性比率都在 70%以上）、南京银行（2006 年的流动性比率约 80%）。国有商业银行的流动性比率较低，年度均值变化不大。三类银行的流动性比率年度均值大多超过了 40%。核心资本充足率指标前文已述，这里不再赘言。

从管理水平指标 X11 来看，国有商业银行的员工学历水平虽然在不断提高，但是 X11 均值为 81.17%，整体学历水平较低；股份制商业银行的员工学历水平最高，X11 均值为 92.45%；城市商业银行的员工学历水平居中，X11 均值为 86.33%。员工学历水平意味着员工的素质水平，在一定程度上能体现出管理能力和水平。国有商业银行要想获得持续的竞争优势，必须依靠有一定学历水平、业务能力过硬、有一定创新能力的员工团队。

2. 各主成分指标及综合绩效指标对比

表 6–8 是 2006—2014 年三类银行各主成分指标及综合绩效指标得分的描述性统计结果。从偿付能力主成分情况来看，国有商业银行得分的平均值是 0.62，股份制商业银行得分的平均值是–1.65，城市商业银行得分的平均值是 3.50，城市商业银行排在第一位，但是标准差较大，得分比较分散，国有商业银行排在第二位，股份制商业银行排在

第三位。由于偿付能力主成分中偿付能力指标贡献较大，所以上述结果表明，2006—2014 年城市商业银行在银行严格的监管要求下，比其他两类银行更加关注流动性比率、核心资本充足率等偿付能力指标，如北京银行多方面采取措施合理控制流动性缺口，通过密切关注市场，实时监测、积极调整资产负债期限结构，加强同业合作，发行次级债券等措施增加流动性，预防风险的发生。

表 6–8　2006—2014 年三类银行各主成分指标及综合绩效指标得分的描述性统计结果①

	主成分类别	平均值	中位数	标准差	峰度	偏度	最小值	最大值
国有商业银行	偿付能力	0.62	0.83	1.40	1.70	–0.84	–3.44	3.25
	资产质量	–1.11	–0.79	1.82	–0.84	–0.26	–4.72	1.81
	盈利能力	0.09	–0.04	0.70	–0.82	0.24	–1.23	1.54
	经营增长	–1.03	–1.05	0.61	0.31	0.50	–2.01	0.53
	管理水平	–0.43	–0.53	0.74	–0.78	0.05	–1.80	0.82
	综合绩效	–0.22	–0.20	0.86	–0.19	–0.09	–2.10	1.52
股份制银行	偿付能力	–1.65	–1.11	2.60	–0.75	–0.22	–7.50	3.10
	资产质量	0.86	1.02	1.94	–0.39	–0.08	–3.90	4.95
	盈利能力	–0.10	–0.22	1.74	1.91	0.64	–4.73	4.56
	经营增长	0.49	0.16	1.06	0.72	1.10	–1.25	3.34
	管理水平	0.68	0.00	1.00	4.53	–1.12	–3.96	2.25
	综合绩效	–0.32	–0.08	1.21	–0.76	–0.43	–2.97	1.72
城市商业银行	偿付能力	3.50	3.14	3.40	0.27	0.86	–0.83	11.30
	资产质量	–0.26	–0.27	1.87	0.16	–0.01	–4.20	3.40
	盈利能力	0.07	–0.52	1.53	0.22	1.17	–1.79	3.35
	经营增长	0.32	–0.21	1.66	2.28	1.61	–1.25	4.86
	管理水平	0.23	0.49	1.10	–0.18	0.62	–1.25	2.73
	综合绩效	1.29	1.04	1.13	–0.36	0.59	–0.50	3.54

① 由于利用主成分分析的数据是经过标准化处理的数据，因此样本银行的得分只作为银行之间相互比较和进行实证分析的依据，并且可能会出现负值。

从资产质量主成分得分情况来看，国有商业银行得分的平均值是–1.11，股份制商业银行得分的平均值是 0.86，城市商业银行得分的平均值是-0.26，股份制商业银行排在第一位，城市商业银行排在第二位，国有商业银行排在第三位。由于资产质量主成分中资产质量指标贡献较大，所以上述结果表明，2006—2014 年股份制商业银行资产质量相对较好。

从盈利能力主成分得分情况来看，国有商业银行得分的平均值是0.09，股份制商业银行得分的平均值是–0.10，城市商业银行得分的平均值是 0.07，国有商业银行排在第一位，城市商业银行排在第二位，而股份制商业银行排在第三位。

从经营增长主成分得分情况来看，国有商业银行得分的平均值是–1.03，股份制商业银行得分的平均值是 0.49，城市商业银行得分的平均值是 0.32，股份制商业银行和城市商业银行的增长能力明显好于国有商业银行。这表明股份制商业银行凭借经营灵活等特点获得了较快的业绩增长，而作为第一批上市的城市商业银行，北京银行、南京银行、宁波银行三家城市商业银行也抓住了快速发展的机遇，业绩实现了较快的增长。

从管理水平主成分指标得分情况来看，国有商业银行得分的平均值是–0.43，股份制商业银行得分的平均值是 0.68，城市商业银行得分的平均值是 0.23，股份制商业银行排在第一位，城市商业银行排在第二位，国有商业银行排在第三位。结合三类银行大专以上员工占比指标来看，城市商业银行和股份制商业银行员工学历水平相对较高，表明这两类银行在快速发展的过程中不断吸纳有一定学历层次的人员进入到公司中来，为公司的发展储备了实力。

从综合绩效指标得分情况来看，国有商业银行得分的平均值是–0.22，股份制商业银行得分的平均值是–0.32，城市商业银行得分的平均值是 1.29，城市商业银行排在第一位，国有商业银行排在第二位，股份制商业银行排在第三位，说明北京银行、南京银行、宁波银行三家城市商业银行是商业银行中的佼佼者，通过良好的经营，实现了综合能力不断提升，综合绩效表现较好。

3. 主要变量描述性统计

表 6–9 是 2006—2014 年三类银行主要变量的描述性统计结果。国

有商业银行资本充足率的平均值是 12.84%，中位数是 12.97%，标准差是 1.16，峰度是 0.96，偏度是–0.83，最大值是 14.71%，最小值是 9.41%，表明样本银行资本充足率差距较小，样本分布向左偏斜，并且分布比较尖锐；股份制商业银行资本充足率的平均值是 10.63%，中位数是 11.03%，标准差是 2.18，峰度是 9.59，偏度是–2.33，最大值是 15.27%，最小值是–0.39%，表明股份制商业银行资本充足率的均值虽然低于国有商业银行，但是分布更尖锐，样本分布向左偏斜；城市商业银行资本充足率的平均值是 15.18%，高于国有商业银行和股份制商业银行，中位数是 13.9%，标准差是 4.53，峰度是 4.43，偏度是 1.96，最大值是 30.67%，最小值是 10.75%。

表 6–9　2006—2014 年三类银行主要变量描述性统计结果

	银行类别	平均值	中位数	标准差	峰度	偏度	最小值	最大值
CAP	国有商业银行	12.84%	12.97%	1.16	0.96	–0.83	9.41%	14.71%
	股份制商业银行	10.63%	11.03%	2.18	9.59	–2.33	–0.39%	15.27%
	城市商业银行	15.18%	13.90%	4.53	4.43	1.96	10.75%	30.67%
TO	国有商业银行	45.72%	40.28%	15.66	–1.45	0.12	21.78%	67.72%
	股份制商业银行	24.92%	20.00%	18.60	0.36	1.18	5.90%	70.88%
	城市商业银行	13.51%	13.64%	3.42	9.27	–2.14	10.80%	19.78%
TT	国有商业银行	91.62%	96.29%	9.82	0.55	–1.49	65.64%	100.00%
	股份制商业银行	54.88%	51.77%	21.58	0.65	–0.03	20.79%	95.34%
	城市商业银行	51.91%	46.53%	14.72	4.89	–1.34	44.58%	75.70%
CAPHIGH	国有商业银行	0.05	0.05	0.01	3.21	–1.51	0.02	0.06
	股份制商业银行	0.03	0.03	0.01	0.20	–0.85	0.00	0.06
	城市商业银行	0.05	0.05	0.02	–0.04	0.64	0.03	0.09
CAPLOW	国有商业银行	0.00	0.00	0.00	—	—	0.00	0.00
	股份制商业银行	–0.03	0.00	0.32	71.52	–8.44	–2.69	0.14
	城市商业银行	0.00	0.00	0.00	—	—	0.00	0.00
SIZE	国有商业银行	15.98	16.09	0.59	0.52	–0.93	14.36	16.84
	股份制商业银行	14.26	14.31	0.70	–0.69	–0.35	12.47	15.37
	城市商业银行	12.60	12.75	0.94	–0.73	–0.18	10.94	14.24

国有商业银行最大股东持股比例的平均值是 45.72%，中位数是 40.28%，标准差是 15.66，峰度是–1.45，偏度是 0.12，表明样本银行之间最大股东持股比例差距较大，样本银行最大股东持股比例的最大值达到了 67.72%，最小值是 21.78%；股份制商业银行最大股东持股比例的平均值是 24.92%，中位数是 20.00%，标准差是 18.60，峰度是 0.36，偏度是 1.18，表明样本银行最大股东持股比例分布很平坦，离散程度较高，样本银行最大股东持股比例的最大值达到了 70.88%，最小值是 5.90%；城市商业银行最大股东持股比例的平均值是 13.51%，远低于国有商业银行和股份制商业银行，中位数是 13.64%，标准差是 3.42，峰度是 9.27，偏度是–2.14，最大值只有 19.78%，最小值是 10.80%。国有商业银行、股份制商业银行、城市商业银行前十大股东持股比例的平均值分别是 91.62%、54.88%、51.91%，这也进一步表明了国有商业银行的股权集中度远大于城市商业银行和股份制商业银行。

（二）描述性统计

表 6–10 是 2006—2014 年样本银行各主要变量的描述性统计结果。样本银行综合绩效的平均值是 0.03，中位数是 0.09，标准差是 1.26，峰度是 0.34，偏度是 0.06，表明样本银行综合绩效差距较小，样本分布向右偏斜，并且分布比较尖锐；其中，南京银行 2007 年综合绩效得分最高，为 3.54，平安银行 2006 年得分最低，为–2.97。

表 6–10 2006—2014 年样本银行各主要变量描述性统计结果

	平均值	中位数	标准差	峰度	偏度	最小值	最大值	观测数
F	0.03	0.09	1.26	0.34	0.06	–2.97	3.54	142
CAP	12.16%	12.01%	3.11	11.72	1.57	3.71%	30.67%	142
TO	29.05%	20.28%	19.72	–0.67	0.78	5.90%	70.88%	142
TT	65.44%	62.86%	24.58	–0.43	–0.25	20.79%	100.00%	142
CAPHIGH	0.04	0.04	0.02	1.33	–0.23	0.00	0.09	142
CAPLOW	–0.02	0.00	0.23	141.07	–11.86	–2.69	0.14	142
SIZE	14.47	14.55	1.38	–0.33	–0.36	10.94	16.84	142

样本银行资本充足率的平均值是 12.16%，中位数是 12.01%，标准差是 3.11，峰度是 11.72，偏度是 1.57，表明样本银行资本充足率差距较小，样本分布向右偏斜，并且分布比较尖峭；样本银行资本充足率的最大值是 30.67%，最小值是 3.71%。

样本银行最大股东持股比例的平均值是 29.05%，中位数是 20.28%，标准差是 19.72，峰度是–0.67，偏度是 0.78，样本分布比较平坦，并且各样本银行间差距较大；样本银行最大股东持股比例的最大值是 70.88%，最小值是 5.90%。光大银行 2008 年最大股东持股比例达到 70.88%，股权集中度很高，2014 年降到 41.24%；民生银行 2007 年和 2008 年最大股东持股比例为 5.90%，2014 年上升到 20.19%。

样本银行前十大股东持股比例的平均值是 65.44%，中位数是 62.86%，标准差是 24.58，峰度是–0.43，偏度是–0.25，样本分布比较平坦，离散程度很高；样本银行前十大股东持股比例的最大值是 100.00%，最小值是 20.79%。中国银行、工商银行、建设银行、农业银行、中信银行 2011 年前十大股东持股比例都在 90%以上，股权集中度相对较高，而南京银行、北京银行、兴业银行、民生银行 2011 年前十大股东持股比例都在 50%以下，股权集中度相对较低。

（三）相关分析

本部分研究采用皮尔逊相关系数分析法（Pearson correlation coefficient）。表 6–11 是皮尔逊相关分析双尾检验结果。

表 6–11 皮尔逊相关分析双尾检验结果①

	F	CAP	TO	TT	SIZE	CAPLOW	CAPHIGH
F	1.00	0.72** 0.00	–0.03 0.75	–0.03 0.81	–0.16 0.13	–0.27** 0.01	0.74** 0.00
CAP	0.72** 0.00	1.00	–0.05 0.67	0.09 0.42	–0.22* 0.03	–0.31** 0.00	0.92* 0.00
TO	–0.03 0.75	–0.05 0.67	1.00	0.84** 0.00	0.61** 0.00	–0.09 0.42	0.07 0.54
TT	–0.03 0.81	0.09 0.42	0.84** 0.00	1.00	0.63** 0.00	–0.22* 0.03	0.23* 0.03

① 根据 SPSS 分析结果整理

续表

	F	CAP	TO	TT	SIZE	CAPLOW	CAPHIGH
CAPLOW	–0.27** 0.01	–0.31** 0.00	–0.09 0.42	–0.22* 0.03	–0.15 0.15	1.00	–0.3* 0.00
CAPHIGH	0.74** 0.00	0.92** 0.00	0.07 0.54	0.23* 0.03	–0.05 0.61	–0.3** 0.00	1.00
SIZE	–0.16 0.13	–0.22* 0.03	0.61** 0.00	0.63** 0.00	1.00	–0.15 0.15	–0.05 0.61

说明：表格中单元格内第一行数字为皮尔逊相关系数，第二行数字为双尾检验概率，**表明在 1%水平下显著，*表明在 5%水平下显著。

从 SPSS 分析结果可以看到，资本充足率和银行综合绩效的相关系数为 0.72，双尾检验概率为 0.00，因此二者在 1%水平下正相关，并且显著；监管压力指标 CAPLOW 和银行综合绩效的相关系数为–0.27，双尾检验概率为 0.01，因此二者在 1%水平下负相关，并且显著；监管压力指标 CAPHIGH 和银行综合绩效的相关系数为 0.74，双尾检验概率为 0.00，因此二者在 1%水平下正相关，并且显著。

小　结

本章研究结论如下。

第一，三类银行之间存在差异，提升银行综合绩效需要有针对性地采取措施。国有商业银行有较高的盈利能力，股权集中度偏高，但是偿付能力、资产质量和员工素质水平偏低，并且经营增长能力较差，严重影响了国有商业银行的综合绩效，这也意味着国有商业银行要想提高综合绩效，就要提高银行的偿付能力、资产质量，尤其要提高员工素质和水平；股份制商业银行资产质量、员工素质水平、经营增长能力较好，但是偿付能力和当前盈利水平较低，影响了股份制商业银行的综合绩效，这也意味着股份制商业银行要想提高综合绩效，就要尽快实现战略转型，开发新的利润增长点；城市商业银行股权集中度偏低，其资产质量、盈利能力、管理水平、经营增长能力虽然介于国有商业银行和股份制商业银行之间，但是偿付能力高于国有商业银行和股份制商业银行，因此综合绩效好于其他两类银行。作为城市商业银行的佼佼者，北京银行、南京银行和宁波银行在严格的资本监管的要求下，审慎经营以应对风险，并能抓住快速发展的机遇，迅速拓展网点，不断提升业务水平和管理能力，增强了自身的综合能力和素质。

第二，资本监管和银行综合绩效正相关，并且显著。通过主成分分析把 11 项指标提炼为 5 个主成分，计算出样本银行各年度的综合绩效，再利用皮尔逊相关分析得到资本监管和银行综合绩效的相关系数，结果发现，资本监管和银行综合绩效正相关，并且显著。这意味着资本充足率越高的银行，其综合绩效越好，提高银行资本充足率不仅能帮助银行达到监管的要求，更能对绩效产生积极作用，资本监管制度设计在中国目前的市场环境下是激励相容的。这也进一步验证了在资本监管的约束下，稳健经营的思想已经在银行的活动中体现出来，尤其是中小商业银行的经营活动，并转化为银行的自觉行动。

第三，监管压力大小和银行综合绩效正相关，并且显著。皮尔逊相关分析还发现，监管压力大小和银行综合绩效正相关，并且显著。在当前资本充足率最低为 8%的监管要求下，样本银行中除了光大银行（2006 年）和平安银行（2006 年）外，资本充足率水平都达到了监管要求，而监管压力指标 CAPHIGH 的取值方法意味着资本充足率越高，CAPHIGH 的值越大。在目前的监管压力约束下，银行在满足了基本的资本监管要求后，敢于冒风险的可能性会加大。

第七章

资本监管及银行风险管控展望

第一节　资本监管的政策效应

一、资本监管对上市银行风险行为影响显著

利用 Shrieves 和 Dahl 提出的联立方程模型，分别采用拨备覆盖率、佣金收入占比、加权风险资产占比、贷款集中度、贷款及垫款收息率、贷款总额准备金率、不良贷款率作为风险度量指标，对资本监管和银行风险行为进行实证研究。研究发现资本变动和监管压力呈显著正相关关系，二者有关联性很强的联动效应；资本变动和贷款集中度变动、不良贷款率变动、银行规模、上期资本充足率呈显著负相关关系；资本变动和贷款及垫款收息率变动、贷款总额准备金率变动之间存在非线性相关关系；监管压力和贷款及垫款收息率变动、贷款总额准备金率变动正相关。这说明资本的增加能够降低银行风险，对于资本高于最低资本充足率要求的银行，监管压力能够促进其增加资本，并降低风险，资本充足率监管的政策效应明显。

另外，城市商业银行和国有商业银行的资本充足率水平相对较高，股份制商业银行的资本充足率平均值低于城市商业银行和国有商业银行。总体上看，2006—2014 年，上市银行的风险水平有降低的趋势，但是城市商业银行面临的风险较高；国有商业银行有较强的风险意识和抗风险能力而股份制商业银行贷款集中度风险较高；再有，在资本

监管的约束下，国有商业银行积极发展中间业务，开展战略转型，但是股份制商业银行和城市商业银行战略转型发展缓慢。

二、资本监管与上市银行融资行为密切相关

研究利用比较分析法、描述性统计和皮尔逊相关系数分析法，对资本监管和银行融资行为进行了研究，结果发现：资本充足率和核心资本充足率占比、监管压力呈显著正相关关系；资本充足率与负债/所有者权益、规模呈显著负相关关系；核心资本充足率占比和监管压力呈显著正相关关系；核心资本充足率占比和负债/所有者权益呈显著负相关关系；负债平均成本和规模呈显著负相关关系。

另外，研究还发现：城市商业银行和国有商业银行的核心资本充足率占比相对较高，而股份制商业银行较低；国有商业银行和股份制商业银行的负债/所有者权益比率较高，而城市商业银行的负债/所有者权益比率较低；国有商业银行负债平均成本均值相对较低，股份制商业银行和城市商业银行的负债平均成本相对较高。

三、资本监管与上市银行综合绩效激励相容

研究利用综合绩效指标考察资本充足率监管的影响。综合绩效指标结合财政部关于金融企业绩效考评办法提出的 4 项指标和 CAMEL 模型的 5 项考核指标体系，设计出 5 类 11 项指标，并利用主成分分析法得到 5 个主成分，即偿付能力、资产质量、盈利能力、经营增长和管理水平。研究发现，监管压力大小和银行综合绩效呈显著正相关关系。这意味着在目前的监管压力约束下，银行除满足基本的资本监管要求外，还敢于冒风险的可能性越大。研究还发现，资本监管和银行综合绩效呈显著正相关关系。这意味着资本充足率越高的银行，其综合绩效越好。银行资本充足率不仅是为了应付监管的要求，而且是影响绩效的重要因素。资本监管制度设计在中国目前的市场环境下是激励相容的，同时进一步验证了在资本监管的约束下，稳健经营的思想已经在银行的活动中体现出来，尤其是中小商业银行的经营活动中体现出来，并转化为银行的自觉行动。

另外，研究还表明，国有商业银行有较高的盈利能力，股权集中度偏高，但是偿付能力和资产质量、员工素质水平偏低，并且经营增长能力较差，严重影响了国有商业银行的综合绩效，这也意味着国有商业银行要想提高综合绩效，就要提高银行的偿付能力、资产质量，尤其要提高员工素质和水平。股份制商业银行的资产质量、员工素质水平、经营增长情况较好，但是偿付能力和当前盈利水平较低，影响了股份制商业银行的综合绩效，这也意味着股份制商业银行要想提高综合绩效，应尽快实现战略转型，开发新的利润增长点。城市商业银行股权集中度偏低，并且其资产质量、盈利能力、管理水平、经营增长能力虽然介于国有商业银行和股份制商业银行之间，但是其偿付能力却好于国有商业银行和股份制商业银行，因此城市商业银行的综合绩效好于其他两类银行。研究表明，作为城市商业银行中的佼佼者，北京银行、南京银行和宁波银行在严格的资本监管的要求下，审慎经营，积极应对风险，并能抓住快速发展的机遇，迅速布点，不断提升业务水平和管理能力，增强了自身的竞争能力和综合绩效。

第二节　资本监管的政策展望

研究表明，资本监管政策有力地促进了我国上市银行的稳健经营，对上市银行的综合绩效具有积极影响。但是，银行资本监管是一个循序渐进、不断完善的长期过程，并受到诸多因素的制约。为进一步完善银行资本监管制度，促进我国银行业的持续健康发展，提出如下政策建议。

一、完善激励相容的银行资本监管机制

完善的激励相容银行资本监管机制是实现银行业整体安全和银行个体可持续发展的必由之路。自银监会成立以来，随着监管制度的完善和监管力度的加大，商业银行经营的资本约束意识逐渐增强，但是通过业务规模的增长而提高经营业绩的经营理念并未发生根本性改变。伴随着我国经济增速放缓，产业结构调整，地方政府融资冲动不

减等情况的发生，我国商业银行的信用风险逐渐显现。目前，我国银行资本监管机制日趋健全，但是要建立更为完善的，且使商业银行经营理念与监管部门监管理念相统一的商业银行资本监管机制还有很多工作要做。现代经济学和企业管理理论都提出：激励相容是有效解决委托代理链条中相关各方利益冲突的有效机制。银行资本监管是一种基于公共利益的委托代理链条，监管部门是委托方，商业银行是代理方，因此激励相容机制也能够应用到银行资本监管领域。

从监管的理念层面看，以激励相容为导向的银行资本监管是指在商业银行与监管部门存在信息不对称的情况下，监管部门通过设计一种既有利于监管部门达到维护银行业整体稳健经营的监管目标，又有利于实现单个商业银行贯彻自身经营战略、实现自身经营管理目标的互利共赢机制，也就是使监管部门与商业银行个体达到最大程度的利益一致化。国际上，人们对在银行资本监管中运用激励相容理念的研究开始于 20 世纪 90 年代，Brien 等 1995 年提出的“预先承诺制”和 1996 年发布的《巴塞尔资本金协议市场风险修正案》率先体现了激励相容的理念。Brien 等提出的“预先承诺制”，其核心理念就是激励相容，即监管部门设定一个测试期间，商业银行在测试期间向监管部门承诺其自身将保持的最低监管资本水平，为该期间内可能发生的交易损失做准备；在整个期间内，如果商业银行实际发生的损失没有超过其承诺的监管资本水平，监管部门就不对商业银行的经营活动进行干预，如果发现商业银行实际发生的损失超过了其预先承诺的最低监管资本水平，则监管部门将对商业银行按照规定进行惩罚。发布于 1996 年的《巴塞尔资本金协议市场风险修正案》规定，商业银行可以自己开发适用于自身的风险评价模型（VAR），并将其运用于自身资产组合风险的计量，银行监管部门再以各家银行的计量结果为基础，计算出各家银行应具有的监管资本数量，即内部模型法。这项规定有利于引导商业银行积极采用更为先进的风险评估技术来计量自身的市场风险，但是也有可能导致某些存在机会主义观念的商业银行，为了寻求监管套利，利用相对宽松的监管规定，开发仅仅满足监管程序而不能真正反映自身风险状况的风险评价模型。2002 年，Taylor 对“预先承诺制”进行了发展和完善，并以此为基础设计了一整套商业银行资本监管制度，即商业银行向监管部门承诺在某一期间内的监管资本最低额度和损失最高额度，如果在监管期内商业银行没有超出预先承诺的额度，监管部门则不对商业银行的经营管理活动进行干预，但只要商业银行超出了其中的任何一个额度，监管部门都将对商业银行进行严厉的惩罚。可见，Brien 的“预先承诺制”、《巴塞尔资本金协议市场风险修正案》，以及 Taylor 的监管方案在监管理念方面是一脉相承的，均在简化监管部门监管的同时促进了商业银行在风险管理方面的创新，使商业银行的业务经营和风险管理更加灵活。

从监管的操作层面看，完善激励相容的银行资本监管机制要强调兼顾商业银行的经营管理目标。为了尽量缩小监管部门和商业银行的目标差异，在设计银行监管理念和运行机制时，应充分考虑商业银行的利益，使监管部门监管理念与商业银行经营理念尽可能一致。在市场经济体制下，经济的运行以市场机制为基础，以政府调控为补充，资本监管作为一种政府调控机制，其目的不是为了使所有商业银行完全按照同一个模式经营，而是为了控制由于市场机制失灵而导致的过度竞争和系统性风险。因此，在促进整个银行业稳健发展方面，监管部门与商业银行的目标是一致的。激励相容的银行资本监管的核心，就是将单个银行的经营行为引导到银行业持续稳健发展的共同目标上来，使稳健经营成为商业银行经营理念的核心组成部分，使个体发展与行业稳健相辅相成。

因此，完善激励相容的银行资本监管机制，第一要促进银行的监管目标与银行的经营管理目标相互认同。鼓励具有稳健经营意识的商业银行取得更加有效的发展，抑制风险意识不强且仅仅通过粗放式规模增长获得利润的商业银行的扩张冲动。银行监管部门不能仅仅从银行业安全的角度制定过于保守的监管措施，而应在制定监管措施过程中积极响应商业银行的发展诉求，将商业银行的内在发展要求和监管部门的外在稳健约束有机结合起来，引导两种力量共同支持银行业的健康发展。为此，监管部门与商业银行必须在监管理念、监管行为和监管目标方面充分达成共识，最大限度地调动银行规避风险的主动性和能动性，实现银行经营理念与监管理念的充分融合。

第二，完善激励相容的银行资本监管机制要强调对商业银行实行个性化的监管。巴塞尔委员会1996年发布的《巴塞尔资本金协议市场风险修正案》已经很好地体现了这一点。该修正案允许商业银行运用自己开发的市场风险评价模型计算自己的监管资本。逐渐兴起的对商业银行实行分类监管的趋势也体现了这种思想。监管部门针对每家银行的具体情况差别对待，根据不同银行的经营业绩、管理水平、外部环境等，确定不同的监管要求，将整个行业的标准监管和对单个银行的个性监管结合在一起，实行外部监管活动和商业银行内部管理活动的有机融合，既有利于降低商业银行的监管遵从成本，又可以避免商业银行利用监管资本与经济资本之间的差异进行套利。

第三，完善激励相容的银行资本监管机制还要强调市场约束。与政府监管相比，市场约束是促进银行加强风险管理、提高经营水平的最根本力量。在激励相容的监管理念下，银行资本监管是市场运行规则的互补品，而不是替代品。银行资本监管应当以市场机构为基础，积极引导投资者及商业银行通过市场公平竞争和政府公平监管实现价值最大化。因此，建立激励相容的银行资本监管机制，应该引入更多的市场化的竞争性因素，完善商业银行在资本监管中的激励约束机制，鼓励商业银行在与同业开展公平的经营竞争和监管竞争中，同时实现自身经营目标和银行资本监管目标。

二、健全银行资本监管信息披露规范

信息披露是实现资本监管的基础和核心。这是因为，一方面信息披露制度直接作用于风险行为产生的根源，充分、准确、及时的信息披露可以让监管者、投资者、债权人对公司真实的经营状况形成正确的判断和评价，做到对商业银行风险行为的实时监控，从而有利于有效约束商业银行的风险行为。对于监管者而言，充分、准确、及时的信息披露可以让监管者更好地监督银行经营行为，有效防范商业银行经营风险的发生；对于商业银行的投资者和债权人而言，只有对银行不断变动的业务、财务等状况有全面真实的了解，才能据以做出理性的决策，实现预期收益。另一方面，充分、准确、及时的信息披露可以促使银行监管从事后控制向事前控制转变，做到未雨绸缪，防患于未然。监管部门通过对商业银行公布的信息资料进行监督、审查和风险预警，能够提前发现商业银行的营利性、流动性、安全性，以及战略转型、公司治理等方面的问题，促进金融市场高效运营，更好地发挥金融市场对整个国民经济的促进作用。

但是从商业银行的角度来看，信息披露是存在风险的，不但可能增加筹资成本，对盈利不利，而且可能使竞争对手获得自己的经营管理情报，甚至把银行的负面信息扩散和放大，对银行经营产生不良影响。因此，商业银行出于自身利益考虑，对信息披露缺乏主动性和客观性。单纯靠商业银行的自觉自愿完成信息披露，很难做到对银行的合理和及时监管，所以需要通过监管部门的强制性措施规范商业银行信息披露的范围、内容和标准。因此，《巴塞尔协议Ⅱ》将强制性的信息披露作为市场约束的重要内容。在信息披露的监管要求方面，巴塞尔委员会先后发布了《银行和证券公司交易和衍生产品业务公开信息披露建议》等多项文件，逐步强调商业银行信息披露的内容和标准，强化表外业务和重要事项的充分、完整披露，强调信息披露的风险类别更加全面，等等。

关于银行监管信息的披露，我国银监会先后出台了《商业银行资本充足率信息披露指引》《商业银行资本管理办法（试行）》等文件。《商业银行资本充足率信息披露指引》自 2011 年 1 月 1 日起实施，对商业银行的资产分类、资本计量、内部评级、风险识别、内部资本充足率计算等重要信息的公开披露作了明确规定。2012 年发布的《商业银行资本管理办法（试行）》自 2013 年 1 月 1 日起实施，同时《商业银行资本充足率信息披露指引》废止。《商业银行资本管理办法（试行）》中规定商业银行应当通过公开渠道，向投资者和社会公众披露相关信息，确保信息披露的集中性、可访问性和公开性。商业银行信息披露频率分为临时、季度、半年及年度披露，资本充足率的信息披露应至少包括：风险管理体系（包括信用风险、市场风险、操作风险、流动性风险和其他重要风险的管理目标、政策、流程及组织架构和相关部门的职能），资本充足率计算范围，资本数量、构成及各级资本充足率，信用风险、市场风险、操作风险的计量方法，风险计量体系的重大变更及相应的资本要求变化，信用风险、市场风险、操作风险及其他重要风险暴露和评估的定性和定量信息，内部资本充足率评估方法及影响资本充足率的其他相关因素，薪酬的相关定性信息和定量信息等。此外，《商业银行资本管理办法（试行）》还明确指出，商业银行应当按照《商业银行资本管理办法（试行）》中附件 15 的要求，充分披露资本充足率的相关信息。其中，附件 15 包括了风险管理体系的概念、资本充足率的计算方法、各主要风险暴露和评估要求、内部资本充足率评估的披露要求、对薪酬的披露要求五个方面的披露内容和具体要求。监管部门对商业银行信息披露的要求不断提高，但是实践中商业银行对资产质量、风险状况隐瞒不报，以及信息披露不完善、不具体的情况仍然存在。例如，上市银行年报中仅仅概况性地披露了资本充足率和加权风险资产，但未充分披露加权风险资产的构成。大多数银行的风险披露基本满足了准则的相关规定，在描述信息方面，各家银行均从自身风险特点和管理内容等方面进行了介绍，但在披露的范围、内容等方面存在一定差异。再有，信息披露普遍存在报喜不报忧、定量披露偏少等现象，使得利益相关者难以获得银行资本水平和风险状况方面的完整信息，也使资本监管的难度加大。

准确、及时、充分的信息披露是实现资本监管的基础，监管部门需要进一步细化监管指标要求，要求商业银行对一些重要指标，如资本充足率的计算、贷款损失准备金的计提等进行较为详细的信息披露。商业银行应对经营风险形成原因、风险管理技术和程序、资本充足状况、资本与风险的匹配程度等信息进行更加深度的披露，提供每一风险领域的较为详细的定性和定量信息。监管部门应促进商业银行资本监管信息披露方面的国际协调，制定较为完善的资本监管信息披露注册会计师审计程序和审计标准，强化商业银行内部对资本监管信息披露的监督检查和内部审计，逐步提高商业银行资本监管信息披露的透明度。监管部门应积极引入可扩展商业报告语言（XBRL）等先进技术，改进对商业银行资本监管信息披露的方式方法，逐渐实现信息披露监管的网络化，提高信息披露监管的效率，对商业银行信息披露的广度、深度、频度进行实时监控。另外，监管部门应加强对商业银行资本监管信息披露的考核，建立健全商业银行资本监管信息披露的评级制度，鼓励社会中介机构加强对商业银行资本监管信息披露的评级和监督，促使商业银行的资本监管信息披露更充分、准确、及时，增强信息披露对商业银行资本管理的约束。

三、优化银行监管资本的来源和结构

资本监管是银行监管的最重要内容，商业银行必须在计提各项损失准备金之外，持有一定数量的资本，用于吸收各种非预期损失，从而降低破产概率、确保经营安全。理论上，合格的监管资本工具应同时具备次级性、持久性和道德风险抑制性三个特性。次级性是指为了起到对非预期损失的缓冲作用，作为监管资本的金融工具，当银行经营困难时，其清偿顺序应列在显性和隐性的存款保险之后，能够在政府为保持金融稳定，提供最终救助前，最大限度地吸收损失。持久性是指当商业银行受到外部冲击，可能产生群体性的存款提取和债权赎回时，在没有确定的资金来源作为提取保障的情况下，这类金融工具不得赎回，其目的在于为商业银行提供比短期负债更加可靠的资金来源，增强存款人及其他债权人的信心，降低银行挤兑传染的风险。合格的监管资本工具还应具有抑制道德风险的功能，即监管资本工具的投资者能够降低商业银行的风险偏好，对商业银行的过度风险行为起到抑制作用。

早期的《巴塞尔协议Ⅰ》确立了资本、风险资产和资本充足率作为银行资本监管的三个核心要素，但是随着金融市场环境的变化，《巴塞尔协议Ⅰ》的缺陷逐渐暴露，如内容过于简单、监管办法缺乏风险敏感性等。因此，《巴塞尔协议Ⅱ》引入了更具风险敏感性的加权风险资产方法，但是仍然沿用了《巴塞尔协议Ⅰ》关于监管资本的定义。2008 年国际金融危机的爆发，揭示出欧美银行虽然表面看起来有较高的资本充足率水平，却并没有预期的实际损失吸收能力。欧美大型银行严重弱化的实际损失吸收能力跟资本工具的种类有关，夸大了的实际损失吸收能力，助长了金融危机的蔓延。《巴塞尔协议Ⅲ》确立了资本质量与资本数量同等重要的原则，在进一步拓展监管资本来源的同时，更加重视监管资本的质量。《巴塞尔协议Ⅲ》根据银行吸收损失的能力，对监管资本的层次做了更为精细的划分，进一步强化了普通股作为核心监管资本的地位，对其他一级资本工具的合格标准和二级资本工具的损失吸收能力也做了更为清晰的界定。

从国内资本监管情况来看，我国银监会长期重视资本质量的监管，国内商业银行补充资本的渠道主要有：（1）在境内外股票市场公开上市或引进战略投资者，直接从外部筹集核心资本；（2）提高贷款损失拨备覆盖率，改善信贷资产整体抗风险能力，减少监管资本计算扣除；（3）税后利润转增资本和计提各种储备；（4）发行混合资本债券、次级债券、增提贷款损失准备。从长期来看，为保持国内经济的平稳增长，商业银行的业务仍需以适度的速度发展。建立健全商业银行资本补充机制，是确保银行业安全稳健、国民经济持续增长的一件大事。

为建立与商业银行业务发展相适应的资本补充机制，必须探索和完善国内商业银行资本补充的新渠道。一是完善内部资本积累主导的资本补充机制，使内源融资成为监管资本补充的主要渠道和主动渠道。国内商业银行较强的盈利能力使得通过扩大盈利留存扩充资本金具备现实可行性。二是增加附属资本在资本构成中的比例。目前，我国银行监管资本基本为所有者权益，优先股、次级债占比较低，这不利于银行根据风险层次配置不同性质的资本。为完善商业银行的监管资本层次，可以将监管资本的扩充与商业银行的具体风险管理结合起来，通过增加计提各类准备金适度调节监管资本结构。因为一般贷款准备金可计入附属资本，而专项准备金和特种准备金可在计算资本充足率时作为分母（加权风险资产）的减项，所以增加计提各类准备金不仅可以提高资本充足率，调节监管资本结构，还可以提升商业银行的抗风险能力，改善商业银行的可营运资产质量。三是积极拓宽银行发行其他一级资本工具的渠道，提高银行监管资本来源的多元化程度。《巴塞尔协议Ⅲ》规定的其他一级资本工具主要有优先股、混合资本工具、非累积永久性次级债券，以及少数股东权益可计入部分等。在我国，资本监管部门可以参考《巴塞尔协议Ⅲ》的有关内容，协调证监会、人民银行等相关部门，鼓励商业银行发行优先股、混合资本工具、非累积永久性次级债券等其他一级资本工具，以在提高商业银行资本充足水平、改善商业银行监管资本结构的同时，降低商业银行资本成本，减轻普通股市场扩容的压力。

从股权资本的来源结构看，在我国，国有商业银行、股份制商业银行和城市商业银行的重要股东大部分是中央或地方财政部门和国有控股企业。在这种产权模式下，大股东注资已成为商业银行补充资本金的一种主要方式。此外，剥离不良资产、加大税收优惠等措施也是常有的手段。这些措施在一定程度上提高了商业银行的资本充足率，保证了最低资本监管要求，但难以优化商业银行的治理结构，在商业银行不良资产比例偏高、盈利能力低及资产规模迅速扩张的情况下，大股东注资补充资本金往往跟不上资产规模膨胀的需求。因此，在提高商业银行资本充足率的同时，优化商业银行的股权结构及与之相应的治理结构，建立起动态的、以市场化为基础的资本补充机制是我国商业银行实现长远健康发展的重要选择。

四、推进商业银行的经营战略转型

防范风险是银行业永恒的主题，也是一切银行改革的出发点和归宿。作为现代金融体制的核心，面对日益严格的监管要求和金融市场国际化的发展趋势，商业银行必须加强公司治理和风险管理，强化自我经营约束，将风险管理的意识渗透到银行经营活动中，使资本监管理念与银行经营理念相一致，将外部监管内化为银行追求价值最大化的动力，并从根本上改善经营管理，建立防范和化解风险的长效机制，不断提升银行的风险管理能力。目前，上市银行的资本充足率均达到了最低资本监管要求。通常认为银行保持充足的资本水平就意味着它采取了稳健的风险管理措施，但是充足的资本并不能完全代替风险管理，如果缺乏先进的经营理念和有效的风险管理，无论一时拥有多少资本，对于商业银行的长远发展而言都是杯水车薪。

因此，商业银行首先要建立有效的资本约束经营机制，树立经济资本理念，充分认识到任何业务产生的风险都将占用资本资源，将短期盈利水平与长期盈利能力结合起来，将资产质量、发展规模、业务收益与风险水平结合起来，逐步建立基于长期稳定的收益而非单纯规模扩张的资本约束经营机制。

其次，商业银行应真正发挥好监管资本对业务发展的支撑作用。从银行的经营实践看，充足的资本是商业银行适应监管要求的基本条件，也是防范风险、稳健经营的基础，但过多的资本不仅会加大银行的经营成本，还会向公众传递经营管理水平不高的信号。因此，对商业银行来说，要从安全性、流动性、营利性、增长性和资本管制等多个角度考虑最优资本比率和资本结构；在资本充足率满足资本监管要求的前提下，应加强成本收益管理，提高资本运用水平，从而使经营利润成为最重要的资本补充渠道，不断增强资本内部积累能力。

最后，商业银行应积极调整业务发展结构，强化战略转型。近20年来，以西方发达国家为先导的金融创新方兴未艾，商业银行的竞争领域已经由争夺以存贷款业务为特征的传统业务领域转向争夺以中间业务为特征的现代业务领域。目前，我国商业银行中间业务收入占各项收入的比重和发达国家银行相比还有相当大的差距，中间业务的拓展力度不够，业务量小且品种单一，业务品种的知识技术含量较低，盈利能力差。商业银行应大力发展表外业务，特别是要加大不占用监管资本的中间业务的拓展力度，重视信用卡和国际结算等收益丰厚、发展潜力大的中间业务领域，逐渐由低层次的代收代付向国债代销、代客理财、财务顾问等高附加值品种发展；积极拓展证券基金投资、信托资产托管等高附加值的资产托管业务，创造条件发展投资银行、基金管理，以及设立货币市场基金等新兴业务。

五、强化商业银行的行业自律

银行业是一个特殊行业，具有其他行业无法比拟的外部性。与其他行业相比，银行业除了具有经营货币、负债率高、风险多元等特征外，还是一个利益相关者众多、信息非常密集的行业。除了股东以外，商业银行的债务通常由大量分散的存款人持有，而拥有商业银行主要资产的存款人并不直接参与银行经营活动，委托代理关系错综复杂，一旦经营失败，将给整个经济社会带来其他企业经营失败难以比拟的损失和影响。因此，商业银行无论是否公开发售股票，都是公众企业，承担着创造利润之外的更多的社会责任，这使得“强化自律、注重风险”对于商业银行整个行业来说具有特殊的意义，也应成为商业银行行业文化的核心内容。为实现银行业的持续健康发展，在社会经济发展中扮演更为重要的角色，商业银行应将社会责任意识与资本约束意识有机结合起来，通过实现稳健经营，承担更大的社会责任。银行业协会应充分发挥行业自律作用，在遵从国家外部银行监管的同时，建立健全行业自律机制，培育并发扬行业自律文化，为实现外部监管和行业发展目标发挥好桥梁和纽带作用。

六、鼓励银行推进全面风险管理

全面风险管理是指公司围绕总体经营目标，通过在公司管理的各个环节和经营过程中执行风险管理的基本流程，培育良好的风险管理文化，建立健全全面风险管理体系，包括风险管理策略、风险理财措施、风险管理的组织职能体系、风险管理信息系统和内部控制系统，从而为实现风险管理的总体目标提供合理的过程和方法。

按照美国反虚假财务报告委员会的发起组织委员会（COSO）的定义：公司风险管理是一个过程，受公司的董事会、管理层和其他人员的影响，被应用于公司的战略制订及各个方面，旨在确定影响公司的潜在重大事件，将公司的风险控制在可接受的范围内，从而为实现公司的目标提供合理保证。COSO 风险管理框架强调全面风险管理，它以内部控制为中心，强调通过制度、流程和财务等手段，在业务层面上管控运营及操作过程中的风险。它可以在公司整体层面上制定风险战略，构建内控体系，完善风险管理制度，优化流程和组织职能，为公司构建风险管理的长效机制。

第三节 银行全面风险管理

一、全面风险管理的内涵

风险管理是公司从战略制定到日常经营过程中，试图将各类不确定因素产生的结果控制在预期可接受范围内的方法和过程，以确保和促进组织的整体利益实现。目前，于 20 世纪 90 年代开始出现并在之后逐渐完善起来的全面风险管理理念已经被广泛理解和接受。所谓全面风险管理，是指公司围绕总体经营目标，通过在公司管理的各个环节和经营过程中执行风险管理的基本流程，培育良好的风险管理文化，建立健全全面风险管理体系，包括风险管理策略、风险理财措施、风险管理的组织职能体系、风险管理信息系统和内部控制系统，从而为实现风险管理的总体目标提供合理的过程和方法。从国际上看，许多国家已从制度安排上着手建立以风险容量控制为中枢的相关风险全面管理框架。例如，美国萨班斯法案的实施，对在美上市的公司的治理和管理控制提出了更高的要求。

（一）全面风险管理的内容

在 COSO 风险管理框架中，全面风险管理由八大相互关联的部分组成。它们是从公司管理模式中产生的，与管理过程融为一体，包括：（1）内部环境；（2）目标设定；（3）事件识别；（4）风险评估；（5）风险反应；（6）控制措施；（7）信息和交流；（8）监控。

COSO 风险管理框架明确指出，尽管全面风险管理的各个组成要素在不同的实体中有不同的作用方式，但是全面风险管理的基本原则却适用于各种规模的机构。例如，在确保风险管理框架质量的前提下，中小型企业可能选择非正式的途径或者非正规的结构来应用风险管理框架。监管者期望每家机构，无论其经营规模大小或复杂程度如何，都应有一个良好的风险管理框架。虽然监管者的期望和银行的做法难免存在一些分歧，但发展趋势是，监管者对银行业机构风险管理的要求与银行的实际做法逐渐趋于一致。

（二）全面风险管理的特点

商业银行的全面风险管理是指由商业银行按照宏观审慎和微观审慎的监管要求，所建立的与自身业务发展相协调的，覆盖“全面，全程，全额，全员”的风险管理体系。

1. 银行全面风险管理是一个过程

风险管理不是一个独立的管理活动，也不是银行新增加的一项管理活动。它是渗透到银行经营管理活动中的一系列行为，内生于银行各项经营管理的流程之中。风险管理本身也有输入和输出的要素，具有规范的管理流程。

2. 银行全面风险管理必须依靠全体员工

全面风险管理不仅意味着大量的风险管理政策、报告和规章，而且包含了银行各个层面员工的“知”和“行”。银行的董事会、管理层，以及员工决定了风险管理文化、风险偏好、风险管理目标和政策，而风险管理流程也必须依靠全体员工才能运行，强调全员风险管理至关重要。

3. 银行全面风险管理涵盖了银行各层次的各类风险

根据《巴塞尔新资本协议》的划分，银行的各类业务风险都可以归结为信用风险、市场风险和操作风险三类风险。银行的全面风险，就是指由银行不同部门（或客户、产品）与不同风险类别（信用风险、市场风险、操作风险）组成的“银行业务风险矩阵”中涵盖的各种风险。全面风险管理就是要对所有影响银行目标的风险进行系统识别、评估、报告和处置，它必须考虑银行所有层面的活动。从总行层面的战略规划和资源分配，到各业务单元的市场和产品管理，风险都应得到有效控制。

（三）银行风险管理的目标

传统的风险管理与公司战略联系不紧密，目标是转移或规避风险，重点放在对公司行为的检查和监督上，而全面风险管理和公司战略紧密联系在一起，为实现公司总体战略目标寻求风险优化措施。因此，全面风险管理理念下风险管理的目标是：

（1）确保将风险控制在与公司总体目标相适应并可承受的范围内；

（2）确保公司内、外部，尤其是公司与股东之间实现真实、可靠的信息沟通，包括编制和提供真实、可靠的财务报告；

（3）确保公司遵守有关法律法规；

（4）确保公司有关规章制度和为实现经营目标而采取的重大措施的贯彻执行，保障经营管理的有效性，提高经营活动的效率和效果，降低实现经营目标的不确定性；

（5）确保公司建立针对各项重大风险发生后的危机处理计划，保护公司不因灾害性风险或人为失误而遭受重大损失。

二、商业银行内部控制、公司治理和风险管理

（一）公司治理、内部控制、风险管理的产生及实质

公司治理概念最早出现在 20 世纪 80 年代经济学文献中，在这之前，奥利弗·威廉姆森（Oliver Williamson）提出的"治理结构"概念，可以说与公司治理的概念已相当接近。亚当·斯密（Adam Smith）在《国富论》中谈到股份公司时提到，这些公司的董事会与其说是自己货币的管理者，不如说是他人货币的管理者，不能期待他们能像无限公司的合伙人那般小心翼翼地像监视自己的货币那样来监视他人的货币，所以在这些公司的业务运营中，经常存在着或多或少的怠慢或浪费。斯密的论述实际上已经涉及了公司治理的核心问题，即公司经营者与所有者之间存在着利益不一致问题。

所有者和经营者是两个不同利益的主体，所有者追求利润最大化或股东权益最大化，经营者追求工资及工资衍生品最大化。公司经营者在控制了公司之后，有可能以损害股东利益为代价追求个人目标。因此，对经营者的行为进行适当控制，充分保证企业价值最大化，成为公司治理的目标之一。公司治理起源于所有权和经营权的分离，其实质是解决因所有权与控制权的分离而产生的代理问题。公司治理的目的是减少代理成本，实现企业价值的最大化。

公司治理的概念可以分为广义的公司治理和狭义的公司治理。广义的公司治理，是指公司为协调与利益相关者之间的利益关系，实现各利益相关者之间的利益平衡而实施的内部治理机制和外部治理机制

的总和。狭义的公司治理是指公司为提高经营者的积极性，确保公司目标的实现，合理确定股东、董事和经理之间的权利、义务和责任，通过一定的法律手段对上述内容实施监督的机制。狭义的公司治理主要解决股东大会、董事会、监事会及管理层之间的关系，侧重解决因部分股东不参与公司经营管理而产生的委托代理问题。

内部控制是由内部牵制演变而来的。在内部控制概念出现前，内部控制的思想萌芽早已有之。据史料记载，公元前 3600 年左右，古苏美尔人就开始建立了账目核对办法。在古埃及，征收赋税时由两个官吏分别记录来相互牵制，谷物入仓时实行谷物运送、出入库、保管上的职务分离。在我国周朝也有“一毫财赋之出入，数人之耳目通焉”的说法。这些史料记载均反映了内部控制的基本思想，即以账目间的相互核对为主要内容并实施岗位分离。因此，古代的内部控制实质上是建立在社会分工协作基础上的一种简单的相互牵制和管理约束关系，是生产经营活动有序进行的一种保障方式，内部牵制是其核心。内部控制的发展与美国公司会计造假、破产倒闭事件周期性地发生有着密不可分的关系，每一轮的公司财务舞弊、破产倒闭事件都促进了内部控制理论的发展。内部控制发展到今天，已经演变成一种过程，被内化于企业的各个流程、各个环节，和企业的各类人员相联系，但从内部控制的对象和目标来看，其本质并没有发生变化，依然是一种风险控制活动。在内部控制制度阶段，内部控制的目的是防止财产损失和财务舞弊风险；在内部控制结构阶段，内部控制的目的除了防止财产损失和财务舞弊风险外，还要防止效率低下风险；在内部控制整体框架和企业风险管理整合框架阶段，内部控制的目的是控制企业全面风险。

风险管理作为一种经营和管理的理念，具有悠久的历史。西方几千年前就有“不要把所有鸡蛋都放在同一个篮子里”的谚语，中国古代著名的“积谷防饥”典故，以及“义仓”制度、“船帮”组织等都具有现代风险管理思想的雏形，而分船运输、镖局押运等则是分散风险、转移风险的有效方法。从内部控制与风险管理的起源可以看出，二者有着本质的区别。但是，从内部控制与风险管理理论的发展历程来看，二者又出现了相互融合的迹象，突出地表现为《企业风险管理——整合框架》同时被二者视为自身领域理论研究的发展。

（二）内部控制与公司治理的区别与联系

内部控制与公司治理存在以下区别。

（1）构成内容不同。公司治理通过一套正式或非正式的、内部或外部的制度或机制来协调企业与利益相关者之间的利益关系，包括内部治理和外部治理两部分。内部控制的内容与公司治理不同，按照 COSO 的定义，它包括以董事会为主体的公司治理控制、以经营管理层为主体的管理控制和以操作管理层及公司员工为主体的任务控制或作业控制。

（2）结构不同。公司治理由公司外部治理结构和内部治理结构两个线性结构组成。根据 COSO 的研究报告，内部控制是一个塔形结构，其中，内部监督处于塔尖，内部环境处于塔基，风险评估和控制活动是塔身。

（3）采用的方法不同。公司治理是协调企业与各利益相关者之间利益关系的制度安排，通常采用规则、守则、指南、制度和程序进行公司治理。这些规则、守则、指南可以由政府监管部门（如美国的 SEC、中国的证监会）制定，也可以由国际组织（如 OECD）或社会团体制定，而制度和程序（如公司章程、议事规则等）通常由企业制定。与公司治理采用的方法不同，内部控制除使用制度、原则之外，更多的是采用具体方法，如内部控制常用的组织规划控制、授权批准控制、全面预算控制、实物保护控制、文件记录控制、内部审计控制等多种具体方法。

（4）控制的侧重点不同。公司治理注重对企业整体的把握，其控制侧重于董事会、监事会、高级经理层的权责设置、有效运作和战略管理方面，而内部控制侧重于公司战略的实施及经营活动的效率、效果方面。如果将经营活动的有效性看作是组织的战略目标，则内部控制是指管理者影响组织中的其他成员以实现战略目标的过程，内部控制的目的是使战略被执行。

内部控制与公司治理存在以下联系。

（1）从管理学的角度看，内部控制与公司治理的目的相同，都是为了控制企业风险。企业风险尽管按照不同的标准分类可分为多种类型，但从企业管理的角度看，企业风险一般包括治理风险（包括战略风险）、经营风险、财务风险。其中，治理风险属于公司治理的对象，经营风险、财务风险属于管理控制的对象。公司治理通过强化公司内部组织的功能与有效运作，实现事前、事中的监督，有效地避免了公司治理风险。内部控制通过目标设定、事项识别、风险评估、风险反应、控制活动等程序，保证了公司战略目标和经营目标的实现。公司治理与内部控制的协调配合有效地控制了企业风险。

（2）公司治理中的内部治理是企业内部控制的重要组成部分或顶层设计。公司治理包括公司外部治理和公司内部治理，内部控制包含公司内部治理。首先，COSO 的《内部控制——整体框架》和我国的《企业内部控制基本规范》都把内部环境界定为内部控制要素（构成内部控制必不可少的成分），公司内部治理是内部环境的重要组成部分，应当包含在内部控制中。其次，内部控制中的主要内容——管理控制是公司治理内容中关于公司战略方面的进一步延伸和具体化。《企业内部控制基本规范》将战略目标定为内部控制的最高目标和终极目标，而管理控制是管理者影响组织中其他成员以实现战略目标的过程，因此管理控制是企业内部控制的核心。

（三）内部控制与风险管理的区别与联系

内部控制和风险管理的联系主要表现在以下三方面。

（1）二者的行为主体都是董事会、管理层和其他人员，并且共同运用同一个由计划、组织、控制、协调等职能构成的企业管理体系。

（2）风险管理涵盖了内部控制。COSO 框架中明确地指出全面风险管理体系框架包括内部控制，并将其作为一个子系统。

（3）内部控制是风险管理的必要环节。内部控制的动力来自企业对风险的认识和管理。对于企业所面临的大部分运营风险，或者存在于企业的所有业务流程之中的风险，内部控制系统是必要的、高效的及有效的风险管理方法。同时，维持内部控制系统的正常运行也是国内外许多法律法规的要求。因此，满足内部控制系统的要求也是建立企业风险管理体系应该达到的基本状态。

内部控制与风险管理的区别主要表现在以下三方面。

（1）目的与方式不一致。从行为主体角度而言，内部控制与风险管理的目的都是增加自身价值，但由于内部控制与风险管理作用对象的性质不同，二者在增加组织价值的途径上存在较大差别。内部控制作用的对象是“错”和“弊”，因此其增加组织价值的方向是单向的，即通过最大限度地降低错和弊，减少组织价值损失；风险管理作用的对象是“不确定性”，由于不确定性对组织价值的影响是双向的，既可以为组织带来增加价值的机会，又可以为组织带来增加损失的可能，因此风险管理对组织价值的影响也是双向的。与内部控制相比，风险管理受到更多因素的影响。

另外，内部控制仅是管理的一项职能，主要是通过事中和事后的控制来实现其自身的目标，而风险管理则贯穿于管理过程的各个方面，更重要的是它在事前制定目标时就充分考虑了风险的存在。而且，在两者所要达到的目标数量上，风险管理多于内部控制。

（2）两者的活动不一致。虽然二者均是由企业董事会、管理层和其他人员为达到一定的目标而开展的一系列程序和活动，但是风险管理的范围显然要比内部控制的范围广泛得多，风险管理不仅包括对财产完整、信息准确等某种特定事实的追求，而且包括对难以确定的其他各种不确定性具体事实的艺术化处理。此外，内部控制的起点是某项已经确定的战略，内部控制的目标是为这项战略的实现提供合理保证，因此内部控制的作用范围不包括战略制定风险，而风险管理的起点是战略制定，因此风险管理的作用范围包括战略制定风险。

目前所提倡的全面风险管理包含了风险管理目标和战略的设定、风险评估方法的选择、管理人员的聘用、有关的预算和行政管理，以及报告程序等活动。内部控制所负责的是风险管理过程中及之后的重要活动，如对风险的评估和由此实施的控制活动、信息与交流活动、监督评审与缺陷的纠正等。两者最明显的差异在于内部控制不负责企业经营目标的具体设立，而只对目标的制定过程进行评价，特别是对目标和战略计划制订当中的风险进行评估。

（3）两者对风险的对策不一致。全面风险管理框架引入了风险偏好、风险容忍度、风险对策、压力测试、情景分析等概念和方法，因此，该框架在风险度量的基础上，有利于企业实现发展战略与风险偏好一致，有利于企业将增长、风险与回报相联系，还有利于企业进行经济资本分配及利用风险信息支持业务前台决策流程，从而帮助董事会和高级管理层实现全面风险管理的四项目标。这些内容都是现行的内部控制框架所不能做到的。

从国际和国内发展趋势来看，随着内部控制和风险管理的不断完善，它们之间必然相互交叉、融合，直至统一。

三、银行全面风险管理必要举措

（一）健全商业银行公司治理，改善风险管理内部环境

公司治理的产生与公司制这种企业组织形态紧密地联系在一起。良好的商业银行治理至少应包括六个要素，即健全的组织治理架构、清晰的职责边界、明确的决策规则和程序、有效的激励与监督机制、充分的信息披露和透明度，以及合理的社会责任。商业银行要明确划分股东、董事会、监事会和高级管理层各自的权利与责任，实现公司治理结构各部分的协调配合，形成不同管理层级、不同部门机构、不同利益主体之间的有效制衡以控制风险。此外，应当合理设计决策权的配置体系、决策程序，建立董事评价制度和责任可追溯制度，规避道德风险，实现科学决策，从决策环节防范风险。

（二）建设合理的风险管理流程

风险管理流程主要是面向商业银行风险管理的操作层面而言的。明确的可操作性的流程是有效实施全面风险管理的保证。整个流程可以简单表述为：首先风险管理部门根据风险管理环境，即风险管理委员会制定的战略、风险政策及针对风险管理部门的职责分配来确定本部门的风险管理目标，并制定相应的风险管理政策；其次，在产品和服务提供的运作过程中识别、评估风险，并运用模型对风险进行定价，提出风险处置方案；最后，对整个风险管理的效果进行评价，并把信息反馈给上级风险管理部门。

（三）积极引进高级风险管理计量方法

积极引进高级风险管理计量方法，包括信用风险的内部评级法、市场风险的内部模型法、操作风险的高级计量法。风险管理不同于单一的风险控制，它是一项涵盖全要素、全方位和全过程的系统管理工程，因此，必须引入与之相适应的全新的技术工具。高级风险管理计量方法从多个角度对商业银行进行风险评级，在敏感性、准确性和系统性等方面对风险计量提出了更高要求，正在成为银行业开展风险管理的主流技术模式。实施高级风险管理计量方法不仅有利于提高各商业银行的风险管理水平，也有利于提升公司声誉和形象，增强商业银行的核心竞争能力。

（四）健全风险管理考评机制

建立良好的风险管理考评机制是商业银行建立全面风险管理的重要方面。只有鼓励良好的风险控制行为，对因风险控制不严而出现责任问题的予以惩罚，才能把风险管理的责任扩散到每个业务部门和每个业务环节，并内化为员工的职业态度和工作习惯，力求最大限度地发挥员工在风险管理方面的主动性、积极性和创造性，从而把风险约束在可承受的范围之内。

小　　结

本章是全书的总结，指出了研究的主要结论，即资本监管对上市银行风险行为影响显著，资本监管与上市银行融资行为密切相关，资本监管与上市银行综合绩效激励相容，并提出了继续完善激励相容的银行资本监管机制，健全银行资本监管的信息披露规范，拓展监管资本来源渠道，优化银行资本结构，强化银行自我约束，推动银行战略转型，强化银行同业自律等政策建议。为实现银行业的持续健康发展，商业银行应在遵从国家外部银行监管的同时，加强行业自律，培育并发扬行业自律文化，健全公司治理，改善风险管理的内部环境，建立合理的风险管理流程，积极引进高级风险管理计量方法，健全风险管理考评机制，以积极推进全面风险管理。

附录 A　样本银行数据

本附录中收录了表 A.1、表 A.2 和表 A.3，提供了实证研究中涉及的样本银行的原始数据和实证分析计算的结果数据。样本银行数据资料均来源于公司年报。

说明：表 A.1 中，CAP 指资本充足率，Asset 指年末总资产，[1]RISK、[2]RISK、[3]RISK、[4]RISK、[5]RISK、[6]RISK、[7]RISK 分别指拨备覆盖率、手续费及佣金收入占比、加权风险资产占比、贷款集中度、贷款及垫款收息率、贷款总额准备金率、不良贷款率。

表 A.1　样本银行风险指标原始数据

银行名称	年份	CAP/%	[1]RISK/%	[2]RISK/%	[3]RISK/%	[4]RISK/%	[5]RISK/%	[6]RISK/%	[7]RISK/%	Asset/百万元
北京银行	2006	3.71	97.61	3.92	66.48	71.38	6.98	3.96	7.98	260 576.26
工商银行	2006	5.77	106.90	4.82	62.42	42.74	9.23	2.79	5.64	352 539.36
光大银行	2006	8.58	127.20	5.87	58.83	26.90	10.64	0.72	0.68	474 440.17
华夏银行	2006	8.88	364.65	7.84	61.16	40.85	6.90	1.11	0.68	587 811.03
建设银行	2006	10.19	271.50	8.82	63.73	26.86	6.94	1.60	0.58	727 610.07
交通银行	2006	11.08	325.78	14.70	46.77	22.06	10.35	1.73	0.58	1 258 176.90
民生银行	2006	11.48	405.28	7.00	55.56	48.92	9.37	1.34	0.33	56 546.23
南京银行	2006	21.00	359.94	7.63	53.20	21.17	9.78	1.30	0.36	75 510.77
宁波银行	2006	16.15	152.50	11.03	55.74	24.54	11.74	1.42	0.92	103 263.19

续表

银行名称	年份	CAP/%	[1]RISK/%	[2]RISK/%	[3]RISK/%	[4]RISK/%	[5]RISK/%	[6]RISK/%	[7]RISK/%	Asset/百万元
农业银行	2006	10.75	170.06	10.81	59.45	33.78	8.33	1.36	0.79	163 351.87
平安银行	2006	16.20	196.15	8.26	47.28	17.43	10.03	1.38	0.69	263 274.33
浦发银行	2006	15.36	240.74	9.03	57.58	18.31	13.18	1.66	0.68	260 497.64
兴业银行	2006	9.27	151.46	3.01	62.53	31.90	6.89	2.85	1.83	689 344.15
招商银行	2006	9.15	191.08	4.36	60.20	28.93	7.82	2.86	1.46	914 980.35
中国银行	2006	9.06	192.49	5.19	57.42	24.30	9.16	2.39	1.21	1 309 425.40
中信银行	2006	10.34	245.93	5.99	58.16	25.04	7.56	2.01	0.80	1 622 718.00
北京银行	2007	12.02	380.56	8.12	58.34	19.55	7.17	1.99	0.51	2 191 410.80
工商银行	2007	12.70	499.60	9.89	58.11	16.50	9.99	2.24	0.44	2 684 693.70
光大银行	2007	8.28	84.15	3.02	52.08	36.31	6.28	2.35	2.73	445 053.42
华夏银行	2007	8.27	109.27	3.16	49.41	41.70	8.28	2.52	2.25	592 338.27
建设银行	2007	11.40	151.22	4.67	48.38	27.48	10.68	2.84	1.82	731 637.19
交通银行	2007	10.20	166.84	5.98	51.08	33.99	8.50	2.57	1.50	845 456.43
民生银行	2007	10.58	209.04	5.90	49.87	35.83	9.28	2.54	1.18	1 040 230.40
南京银行	2007	11.68	308.21	8.87	57.21	25.29	11.28	2.90	0.92	1 244 141.20
宁波银行	2007	8.12	108.89	5.88	60.40	43.74	6.68	1.45	1.25	700 449.32
农业银行	2007	10.73	113.14	9.45	62.35	28.17	8.11	1.40	1.22	919 796.41
平安银行	2007	9.22	150.04	12.74	72.83	27.34	9.43	1.84	1.20	1 054 350.00

续表

银行名称	年份	CAP/%	¹RISK/%	²RISK/%	³RISK/%	⁴RISK/%	⁵RISK/%	⁶RISK/%	⁷RISK/%	Asset/百万元
浦发银行	2007	10.83	206.04	11.09	69.67	36.14	7.06	1.76	0.84	1 426 392.00
兴业银行	2007	10.44	270.45	15.13	70.23	28.45	7.43	1.91	0.69	1 823 737.00
招商银行	2007	10.86	357.29	18.33	71.88	20.93	10.58	2.29	0.63	2 229 064.00
中国银行	2007	11.40	135.61	10.02	59.04	36.53	6.65	2.96	2.12	934 102.24
中信银行	2007	10.67	180.39	15.72	54.79	32.42	8.57	2.87	1.54	1 310 552.00
北京银行	2008	11.34	223.29	14.00	58.35	32.14	9.64	2.53	1.11	1 571 797.00
工商银行	2008	10.45	246.66	15.54	56.18	28.82	6.54	2.07	0.82	2 067 941.00
光大银行	2008	11.47	302.41	15.87	60.22	23.40	6.59	2.09	0.68	2 402 507.00
华夏银行	2008	11.53	400.13	16.25	63.00	16.68	8.07	2.29	0.56	2 794 971.00
建设银行	2008	11.71	107.25	3.85	48.46	64.83	10.10	2.72	2.47	57 967.30
交通银行	2008	30.67	146.88	3.41	45.51	25.54	12.45	2.70	1.79	76 063.71
民生银行	2008	24.12	170.05	6.84	52.72	26.62	13.18	2.87	1.64	93 706.07
南京银行	2008	13.90	173.91	9.05	59.42	37.41	9.46	2.16	1.22	149 565.82
宁波银行	2008	14.63	234.71	8.95	57.69	25.18	10.33	2.32	0.97	221 492.60
农业银行	2008	14.96	323.98	9.79	59.71	18.97	14.27	2.60	0.78	281 791.69
平安银行	2008	8.71	126.03	3.17	52.86	28.52	8.90	1.97	1.53	617 704.34
浦发银行	2008	11.73	155.21	6.88	47.73	20.94	11.30	1.81	1.15	851 335.27
兴业银行	2008	11.24	226.58	8.83	49.95	19.77	11.90	1.92	0.83	1 020 898.80

续表

银行名称	年份	CAP/%	[1]RISK/%	[2]RISK/%	[3]RISK/%	[4]RISK/%	[5]RISK/%	[6]RISK/%	[7]RISK/%	Asset/百万元
招商银行	2008	10.75	254.93	9.84	53.54	38.71	8.47	1.39	0.54	1 332 161.60
中国银行	2008	11.22	325.51	11.05	54.20	30.21	9.25	1.40	0.42	1 849 673.40
中信银行	2008	11.04	385.30	14.77	55.81	23.54	11.97	1.48	0.38	2 408 798.00
北京银行	2009	12.78	87.28	3.00	41.93	85.57	7.82	3.23	3.58	272 968.89
工商银行	2009	20.11	119.88	3.88	44.50	43.90	8.93	2.53	2.06	354 222.94
光大银行	2009	19.66	180.23	3.97	45.09	40.89	10.90	2.87	1.55	417 021.02
华夏银行	2009	14.35	215.69	5.47	54.36	44.42	7.66	2.25	1.02	533 469.32
建设银行	2009	12.62	307.12	6.17	53.46	40.85	7.91	2.18	0.69	733 210.50
交通银行	2009	12.06	446.39	7.78	51.38	36.11	10.44	2.41	0.53	956 498.68
民生银行	2009	—	—	11.58	—	—	9.73	1.20	23.43	5 343 943.00
南京银行	2009	—	93.42	12.83	—	—	17.96	28.24	23.57	5 305 506.00
宁波银行	2009	9.41	63.53	11.27	48.42	33.96	11.03	2.83	4.32	7 014 351.00
农业银行	2009	10.07	105.37	16.03	49.23	22.47	8.43	3.16	2.91	8 882 588.00
平安银行	2009	11.59	168.05	15.88	52.08	18.45	8.13	3.52	2.03	10 337 406.00
浦发银行	2009	11.94	263.10	18.20	54.71	16.31	9.28	4.26	1.55	11 677 577.00
兴业银行	2009	10.83	72.41	6.38	56.22	24.90	6.54	1.87	2.54	1 716 263.00
招商银行	2009	14.44	95.63	11.53	55.27	21.73	9.05	2.00	2.05	2 103 626.00
中国银行	2009	13.47	116.83	11.53	51.39	21.10	9.82	2.30	1.92	2 678 255.00

续表

银行名称	年份	CAP/%	[1]RISK/%	[2]RISK/%	[3]RISK/%	[4]RISK/%	[5]RISK/%	[6]RISK/%	[7]RISK/%	Asset/百万元
中信银行	2009	12.00	151.05	14.08	57.02	21.45	7.52	2.10	1.36	3 309 137.00
北京银行	2010	12.36	185.84	13.89	61.15	24.25	7.11	2.12	1.12	3 951 593.00
工商银行	2010	12.44	256.37	15.40	61.44	17.49	8.13	2.25	0.86	4 611 177.00
光大银行	2010	14.05	70.56	9.14	50.33	21.70	8.10	2.75	3.79	7 509 118.00
华夏银行	2010	13.09	103.50	13.53	50.73	21.10	9.54	2.92	2.74	8 684 288.00
建设银行	2010	13.06	130.15	14.21	48.67	20.40	10.50	3.07	2.29	9 757 654.00
交通银行	2010	12.36	164.41	17.82	50.24	20.90	8.10	2.61	1.54	11 785 053.00
民生银行	2010	12.27	228.20	19.13	52.85	22.80	7.58	2.52	1.08	13 458 622.00
南京银行	2010	13.17	266.92	21.37	54.58	19.30	8.29	2.57	0.94	15 476 868.00
宁波银行	2010	–0.39	—	4.29	—	—	14.07	—	—	596 116.62
农业银行	2010	7.19	—	5.93	—	—	15.75	—	4.49	739 186.46
平安银行	2010	9.10	150.11	8.80	56.01	48.09	10.19	3.12	2.00	851 838.14
浦发银行	2010	10.39	193.99	13.01	56.47	48.16	6.91	2.49	1.25	1 197 696.10
兴业银行	2010	11.02	313.38	13.25	62.87	33.51	7.78	2.40	0.75	1 483 950.30
招商银行	2010	10.57	367.00	15.14	65.14	31.34	9.56	2.42	0.64	1 733 345.60
中国银行	2010	12.11	82.24	9.03	56.73	23.40	8.29	2.78	3.29	5 448 511.00
中信银行	2010	12.58	104.41	14.27	55.82	19.86	9.53	2.79	2.60	6 598 177.00
北京银行	2011	12.16	131.58	14.37	55.54	20.72	10.38	3.00	2.21	7 555 452.00

续表

银行名称	年份	CAP/%	[1]RISK/%	[2]RISK/%	[3]RISK/%	[4]RISK/%	[5]RISK/%	[6]RISK/%	[7]RISK/%	Asset/百万元
工商银行	2011	11.70	175.77	17.99	54.01	18.94	8.11	2.70	1.50	9 623 355.00
光大银行	2011	12.68	221.14	20.44	55.64	16.00	7.39	2.59	1.14	10 810 317.00
华夏银行	2011	13.68	241.44	21.91	55.04	15.18	8.14	2.71	1.09	12 281 834.00
建设银行	2011	13.59	96.00	9.85	65.14	15.70	9.48	4.03	4.04	5 325 273.00
交通银行	2011	13.34	108.18	15.21	62.61	16.10	10.29	3.49	3.12	5 995 553.00
民生银行	2011	13.43	121.72	17.50	57.03	17.60	9.65	3.34	2.65	6 955 694.00
南京银行	2011	11.14	151.17	19.82	59.00	28.00	6.55	2.35	1.52	8 751 943.00
宁波银行	2011	12.58	196.67	19.68	56.28	20.20	6.07	2.22	1.10	10 459 865.00
农业银行	2011	12.97	220.75	19.70	56.26	18.90	7.04	2.25	1.00	11 830 066.00
平安银行	2011	9.41	84.62	4.26	66.77	47.60	7.16	2.16	2.50	706 859.00
浦发银行	2011	15.27	110.01	7.47	61.64	25.03	8.14	1.65	1.48	1 011 236.00
兴业银行	2011	14.32	150.03	7.58	62.85	23.95	9.67	2.08	1.36	1 187 837.00
招商银行	2011	10.14	149.36	10.34	62.35	34.70	6.60	1.44	0.95	1 775 031.00
中国银行	2011	11.31	213.51	10.21	66.56	30.01	6.31	1.46	0.67	2 081 314.00
中信银行	2011	12.27	272.31	11.48	61.54	22.10	8.03	1.65	0.60	2 765 881.00
北京银行	2012	12.90	419.96	9.61	55.30	36.36	12.26	2.75	0.59	1 119 969.00
工商银行	2012	13.66	295.55	19.75	54.22	17.90	16.77	21.81	0.85	17 542 217.00
光大银行	2012	10.99	339.63	15.82	60.70	23.73	11.14	2.59	0.74	2 279 295.00

续表

银行名称	年份	CAP/%	1RISK/%	2RISK/%	3RISK/%	4RISK/%	5RISK/%	6RISK/%	7RISK/%	Asset/百万元
华夏银行	2012	10.85	320.34	10.17	58.65	27.38	11.34	2.90	0.88	1 488 860.00
建设银行	2012	14.32	271.29	22.99	54.66	14.76	9.41	3.12	0.99	13 972 828.00
交通银行	2012	14.07	250.68	14.17	59.69	14.22	8.94	2.35	0.92	5 273 379.00
民生银行	2012	10.75	314.53	19.90	62.89	16.10	12.01	2.45	0.76	3 212 001.00
南京银行	2012	14.98	316.74	0.00	53.84	21.96	15.07	2.71	0.83	343 792.15
宁波银行	2012	15.65	275.39	9.49	51.54	16.10	13.55	2.14	0.76	369 942.85
农业银行	2012	12.61	326.14	17.74	54.48	15.76	9.80	4.55	1.33	13 244 342.00
平安银行	2012	11.37	182.32	1.91	31.49	62.40	11.35	1.76	0.95	2 844 266.00
浦发银行	2012	12.45	399.85	10.54	59.03	2.10	10.69	2.37	0.58	3 145 707.00
兴业银行	2012	12.06	465.82	17.06	53.44	21.81	14.33	2.04	0.43	3 250 975.00
招商银行	2012	12.14	351.79	17.41	66.72	12.95	8.56	2.16	0.61	3 408 099.00
中国银行	2012	13.63	236.30	19.10	57.20	16.90	7.75	2.25	0.95	12 680 615.00
中信银行	2012	13.44	288.25	12.53	65.83	20.98	9.03	2.12	0.74	2 959 939.00
北京银行	2013	11.27	385.91	12.89	66.42	30.81	11.00	2.81	0.65	1 336 764.00
工商银行	2013	13.31	257.19	20.75	63.34	16.20	70.70	11.63	0.94	18 917 752.00
光大银行	2013	11.31	241.02	22.90	68.69	18.92	11.23	2.12	0.86	2 415 086.00
华夏银行	2013	10.93	301.53	13.96	63.95	23.84	10.16	2.80	0.90	1 672 447.00
建设银行	2013	13.88	268.22	20.50	64.26	14.80	9.23	3.04	0.99	15 363 210.00

续表

银行名称	年份	CAP/%	1RISK/%	2RISK/%	3RISK/%	4RISK/%	5RISK/%	6RISK/%	7RISK/%	Asset/百万元
交通银行	2013	12.08	213.65	15.79	71.70	13.67	8.55	2.30	1.05	5 960 937.00
民生银行	2013	12.14	259.74	25.85	72.07	14.44	12.60	2.26	0.85	3 226 210.00
南京银行	2013	12.95	298.51	0.00	52.28	20.47	15.67	2.73	0.89	434 057.29
宁波银行	2013	13.88	254.88	12.69	58.72	15.54	15.16	2.32	0.89	462 188.03
农业银行	2013	12.57	367.04	17.98	62.25	13.22	9.40	4.67	1.22	14 562 102.00
平安银行	2013	11.04	201.06	2.88	34.83	61.60	11.85	1.76	0.89	3 360 312.00
浦发银行	2013	11.50	319.65	13.90	65.61	1.90	10.99	2.42	0.74	3 680 125.00
兴业银行	2013	11.92	352.10	21.74	57.44	23.72	15.02	2.75	0.76	3 678 304.00
招商银行	2013	11.28	266.00	22.01	68.34	11.65	8.46	2.22	0.83	4 016 399.00
中国银行	2013	13.47	229.35	20.14	67.89	14.20	7.17	1.25	0.96	13 874 299.00
中信银行	2013	12.12	206.62	16.08	71.42	14.68	9.06	2.13	1.03	3 641 193.00
北京银行	2014	11.29	324.22	12.96	68.76	28.43	11.97	3.14	0.86	1 524 437.00
工商银行	2014	14.29	206.90	20.11	60.53	14.90	74.51	10.57	1.13	20 609 953.00
光大银行	2014	12.24	180.52	24.39	69.35	15.19	11.10	2.20	1.19	2 737 010.00
华夏银行	2014	11.95	233.13	13.94	64.87	17.93	10.84	2.54	1.09	1 851 628.00
建设银行	2014	14.71	222.33	19.02	60.94	13.42	9.18	2.95	1.19	16 744 130.00
交通银行	2014	14.04	178.88	16.69	66.44	11.46	17.69	104.97	1.25	6 268 299.00

续表

银行名称	年份	CAP/%	1RISK/%	2RISK/%	3RISK/%	4RISK/%	5RISK/%	6RISK/%	7RISK/%	Asset/百万元
民生银行	2014	12.17	182.20	28.23	71.30	13.60	12.01	2.17	1.17	4 015 136.00
南京银行	2014	10.99	325.72	0.00	59.62	14.31	18.94	3.15	0.94	573 150.18
宁波银行	2014	13.31	285.17	16.18	60.92	12.70	15.15	2.59	0.89	554 112.62
农业银行	2014	12.76	286.53	15.38	67.94	14.43	9.55	4.63	1.54	15 974 152.00
平安银行	2014	10.86	200.90	3.75	34.46	68.70	12.45	2.00	1.02	4 005 911.00
浦发银行	2014	11.96	249.09	17.33	68.37	1.83	11.46	2.72	1.06	4 195 924.00
兴业银行	2014	12.19	250.21	21.65	60.06	20.44	15.29	2.83	1.10	4 406 399.00
招商银行	2014	11.74	233.42	26.95	66.50	11.73	9.46	2.59	1.11	4 731 829.00
中国银行	2014	14.38	187.60	19.99	65.14	14.70	7.49	0.79	1.18	15 251 382.00
中信银行	2014	12.33	181.26	20.30	71.07	12.14	9.96	2.36	1.30	4 138 815.00

表 A.2 样本银行监管资本、资本结构及负债成本指标

银行名称	年份	资本充足率/%	核心资本充足率/%	（核心资本充足率/资本充足率）/%	负债平均成本/%	（负债/所有者权益）/%
北京银行	2006	12.78	8.60	67.29	1.55	2 673.99
工商银行	2006	14.05	12.23	87.05	1.66	1 492.83
光大银行	2006	–0.39	–0.39	100.00	—	—
华夏银行	2006	8.28	4.82	58.21	2.03	3 722.57
建设银行	2006	12.11	9.92	81.92	1.59	1 550.04
交通银行	2006	10.83	8.52	78.67	1.67	1 837.49
民生银行	2006	8.12	4.35	53.57	1.80	3 528.32
南京银行	2006	11.71	8.39	71.65	1.80	2 120.00

续表

银行名称	年份	资本充足率/%	核心资本充足率/%	（核心资本充足率/资本充足率）/%	负债平均成本/%	（负债/所有者权益）/%
宁波银行	2006	11.48	9.71	84.58	1.57	1 669.18
农业银行	2006	—	—	—	—	—
平安银行	2006	3.71	3.68	99.19	2.15	3 924.68
浦发银行	2006	9.27	5.44	58.68	1.74	2 690.17
兴业银行	2006	8.71	4.80	55.11	2.20	3 713.07
招商银行	2006	11.40	9.58	84.04	1.57	1 593.43
中国银行	2006	13.59	11.44	84.18	2.00	1 174.56
中信银行	2006	9.41	6.57	69.82	2.09	2 120.73
北京银行	2007	20.11	17.47	86.87	1.78	1 228.27
工商银行	2007	13.09	10.99	83.96	1.75	1 495.64
光大银行	2007	7.19	6.20	86.23	—	—
华夏银行	2007	8.27	4.30	52.00	2.30	4 437.03
建设银行	2007	12.58	10.37	82.43	1.63	1 462.51
交通银行	2007	14.44	10.27	71.12	2.02	1 533.29
民生银行	2007	10.73	7.40	68.97	2.26	1 732.77
南京银行	2007	30.67	27.38	89.27	2.38	665.04
宁波银行	2007	21.00	18.99	90.43	1.75	841.26
农业银行	2007	—	—	—	—	—
平安银行	2007	5.77	5.77	100.00	2.84	2 610.58
浦发银行	2007	9.15	5.01	54.75	1.84	3 133.39
兴业银行	2007	11.73	8.83	75.28	2.74	2 088.69
招商银行	2007	10.67	9.02	84.54	1.67	1 827.74
中国银行	2007	13.34	10.67	79.99	2.09	1 217.72
中信银行	2007	15.27	13.14	86.05	1.91	1 101.84
北京银行	2008	19.66	16.42	83.52	2.11	1 133.29
工商银行	2008	13.06	10.75	82.31	2.05	1 507.16
光大银行	2008	9.10	5.98	65.71	2.71	2 463.30
华夏银行	2008	11.40	7.46	65.44	3.26	2 568.13

续表

银行名称	年份	资本充足率/%	核心资本充足率/%	（核心资本充足率/资本充足率）/%	负债平均成本/%	（负债/所有者权益）/%
建设银行	2008	12.16	10.17	83.63	1.98	1 515.93
交通银行	2008	13.47	9.54	70.82	2.27	1 738.93
民生银行	2008	9.22	6.60	71.58	2.77	1 828.50
南京银行	2008	24.12	20.68	85.74	2.62	725.92
宁波银行	2008	16.15	14.60	90.40	2.55	1 072.78
农业银行	2008	9.41	8.04	85.44	1.91	2 314.24
平安银行	2008	8.58	5.27	61.42	3.48	2 792.79
浦发银行	2008	9.06	5.03	55.52	2.25	3 039.97
兴业银行	2008	11.24	8.94	79.54	2.95	1 982.53
招商银行	2008	11.34	6.56	57.85	1.88	1 870.14
中国银行	2008	13.43	10.81	80.49	2.07	1 308.32
中信银行	2008	14.32	12.32	86.03	2.26	1 145.82
北京银行	2009	14.35	12.38	86.27	1.47	1 319.64
工商银行	2009	12.36	9.90	80.10	1.58	1 635.82
光大银行	2009	10.39	6.84	65.83	1.81	2 388.90
华夏银行	2009	10.20	6.84	67.06	2.20	2 696.36
建设银行	2009	11.70	9.31	79.57	1.58	1 621.47
交通银行	2009	12.00	8.15	67.92	1.76	1 912.55
民生银行	2009	10.83	8.92	82.36	1.81	1 504.60
南京银行	2009	13.90	12.77	91.87	1.62	1 129.15
宁波银行	2009	10.75	9.58	89.12	1.47	1 576.78
农业银行	2009	10.07	7.74	76.86	1.50	2 490.24
平安银行	2009	8.88	5.52	62.16	1.76	2 771.63
浦发银行	2009	10.34	6.90	66.73	1.89	2 283.29
兴业银行	2009	10.75	7.91	73.58	2.03	2 135.27
招商银行	2009	10.45	6.63	63.44	1.47	2 128.79
中国银行	2009	11.14	9.07	81.42	1.40	1 504.70
中信银行	2009	10.14	9.17	90.43	1.46	1 558.78

续表

银行名称	年份	资本充足率/%	核心资本充足率/%	（核心资本充足率/资本充足率）/%	负债平均成本/%	（负债/所有者权益）/%
北京银行	2010	12.62	10.51	83.28	1.53	1 622.49
工商银行	2010	12.27	9.97	81.26	1.34	1 537.99
光大银行	2010	11.02	8.15	73.96	1.86	1 721.63
华夏银行	2010	10.58	6.65	62.85	2.26	2 830.57
建设银行	2010	12.68	10.40	82.02	1.32	1 442.34
交通银行	2010	12.36	9.37	75.81	1.66	1 666.81
民生银行	2010	10.44	8.07	77.30	1.63	1 632.65
南京银行	2010	14.63	13.75	93.98	1.77	1 067.57
宁波银行	2010	16.20	12.50	77.16	1.97	1 558.25
农业银行	2010	11.59	9.75	84.12	1.26	1 806.44
平安银行	2010	10.19	7.10	69.68	1.65	2 071.14
浦发银行	2010	12.02	9.37	77.95	1.53	1 677.59
兴业银行	2010	11.22	8.80	78.43	2.17	1 910.62
招商银行	2010	11.47	8.04	70.10	1.29	1 692.84
中国银行	2010	12.58	10.09	80.21	1.33	1 446.97
中信银行	2010	11.31	8.45	74.71	1.34	1 571.23
北京银行	2011	12.06	9.59	79.52	2.38	1 796.55
工商银行	2011	13.17	10.07	76.46	1.67	1 515.84
光大银行	2011	10.57	7.89	74.65	2.53	1 702.76
华夏银行	2011	11.68	8.72	74.66	2.95	1 846.10
建设银行	2011	13.68	10.97	80.19	1.65	1 403.91
交通银行	2011	12.44	9.27	74.52	2.19	1 590.39
民生银行	2011	10.86	7.87	72.47	2.75	1 562.12
南京银行	2011	14.96	11.76	78.61	2.81	1 192.37
宁波银行	2011	15.36	12.17	79.23	3.16	1 291.99
农业银行	2011	11.94	9.50	79.56	1.59	1 697.14
平安银行	2011	11.08	9.91	89.44	2.88	1 569.10

续表

银行名称	年份	资本充足率/%	核心资本充足率/%	（核心资本充足率/资本充足率）/%	负债平均成本/%	（负债/所有者权益）/%
浦发银行	2011	12.70	9.20	72.44	2.60	1 695.27
兴业银行	2011	11.04	8.20	74.28	2.85	1 975.15
招商银行	2011	11.53	8.22	71.29	1.83	1 593.82
中国银行	2011	12.97	10.07	77.64	1.77	1 465.04
中信银行	2011	12.27	9.91	80.77	1.83	1 447.08
北京银行	2012	12.90	10.90	84.50	3.00	1 462.22
工商银行	2012	13.66	10.62	77.75	1.96	1 454.53
光大银行	2012	10.99	8.00	72.79	2.83	1 893.75
华夏银行	2012	10.85	8.18	75.39	0.03	1 892.51
建设银行	2012	14.32	11.32	79.05	2.04	1 371.53
交通银行	2012	14.07	11.24	79.89	2.61	1 282.47
民生银行	2012	10.75	8.13	75.63	2.91	1 805.73
南京银行	2012	14.98	12.13	80.97	3.12	1 285.66
宁波银行	2012	15.65	11.49	73.42	2.93	1 572.67
农业银行	2012	12.61	9.67	76.69	1.91	1 662.73
平安银行	2012	11.37	8.59	75.55	2.18	1 256.68
浦发银行	2012	12.45	8.97	72.05	2.80	1 650.93
兴业银行	2012	12.06	9.29	77.03	3.11	1 805.22
招商银行	2012	12.14	8.49	69.93	2.11	1 600.64
中国银行	2012	13.63	10.54	77.33	2.18	1 371.85
中信银行	2012	13.44	9.89	73.59	2.37	1 357.48
北京银行	2013	11.27	9.60	85.18	2.74	1 607.10
工商银行	2013	13.31	10.62	79.79	1.90	1 379.73
光大银行	2013	11.31	9.63	85.15	3.13	1 477.95
华夏银行	2013	10.93	8.47	77.49	2.49	1 844.28
建设银行	2013	13.88	11.14	80.26	1.88	1 330.03
交通银行	2013	12.08	9.76	80.79	2.47	1 314.27

续表

银行名称	年份	资本充足率/%	核心资本充足率/%	（核心资本充足率/资本充足率）/%	负债平均成本/%	（负债/所有者权益）/%
民生银行	2013	12.14	8.85	72.90	3.27	1 479.25
南京银行	2013	12.95	10.70	82.63	3.21	1 516.23
宁波银行	2013	13.88	10.16	73.20	3.12	1 710.95
农业银行	2013	12.57	9.81	78.04	1.81	1 624.27
平安银行	2013	11.04	9.41	85.24	1.82	1 301.85
浦发银行	2013	11.50	8.64	75.13	2.88	1 675.89
兴业银行	2013	11.92	9.21	77.27	3.16	1 728.45
招商银行	2013	11.28	9.14	81.03	2.14	1 410.17
中国银行	2013	13.47	10.73	79.66	1.90	1 343.02
中信银行	2013	12.12	9.05	74.67	2.52	1 478.15
北京银行	2014	11.29	9.83	87.07	3.12	1 485.58
工商银行	2014	14.29	11.49	80.41	1.94	1 240.66
光大银行	2014	12.24	9.95	81.29	3.14	1 424.94
华夏银行	2014	11.95	8.89	74.39	2.88	1 713.56
建设银行	2014	14.71	12.09	82.19	2.03	1 237.00
交通银行	2014	14.04	11.30	80.48	2.71	1 223.53
民生银行	2014	12.17	8.78	72.14	3.15	1 520.60
南京银行	2014	10.99	8.55	77.80	3.41	1 648.27
宁波银行	2014	13.31	10.32	77.54	3.10	1 521.91
农业银行	2014	12.76	9.92	77.74	1.88	1 446.96
平安银行	2014	10.86	8.64	79.56	1.95	1 032.20
浦发银行	2014	11.96	8.66	72.41	3.07	1 493.68
兴业银行	2014	12.19	8.70	71.37	3.25	1 587.65
招商银行	2014	11.74	9.60	81.77	2.71	1 401.88
中国银行	2014	14.38	11.04	76.77	2.09	1 188.75
中信银行	2014	12.33	8.99	72.91	3.05	1 448.11

表 A.3 样本银行盈利能力、经营增长、偿付能力及管理水平指标

银行名称	年份	净资产报酬率/%	成本收入比/%	总资产报酬率/%	利润增长率/%	股东权益增长率/%	资产负债率/%	流动性比率/%	大专以上员工占比/%
北京银行	2006	24.00	27.97	1.22	26.98	25.49	96.40	71.30	82.00
工商银行	2006	15.04	38.00	1.03	30.25	80.64	93.72	48.90	75.70
光大银行	2006	—	39.40	—	—	—	100.03	—	—
华夏银行	2006	14.16	42.74	0.60	13.87	13.63	97.38	64.29	93.90
建设银行	2006	14.75	38.00	1.31	−1.64	14.27	93.94	39.05	70.08
交通银行	2006	14.10	36.06	1.12	37.07	6.06	94.84	33.62	74.82
民生银行	2006	22.35	47.74	0.83	43.33	25.47	97.24	51.42	88.60
南京银行	2006	25.49	35.15	1.45	62.06	23.70	95.50	79.76	77.50
宁波银行	2006	24.14	37.59	1.65	33.93	46.13	94.35	62.61	83.00
农业银行	2006	—	50.44	—	—	−1.56	98.43	27.71	—
平安银行	2006	20.66	41.41	0.90	318.94	23.05	97.52	45.99	87.80
浦发银行	2006	19.13	40.35	0.96	22.31	54.71	96.42	44.24	79.25
兴业银行	2006	25.99	38.55	0.92	54.09	26.70	97.38	51.03	92.45
招商银行	2006	17.60	37.97	1.21	87.68	112.17	94.09	51.10	87.92
中国银行	2006	13.79	38.96	1.34	52.38	59.09	92.15	37.70	80.77
中信银行	2006	15.67	44.20	1.05	18.36	34.20	95.50	38.66	95.30
北京银行	2007	23.00	25.03	1.48	56.43	171.01	92.47	72.01	82.00
工商银行	2007	15.92	34.48	1.42	66.79	15.45	93.73	26.80	76.80
光大银行	2007	—	31.81	—	—	−1.04	96.66	—	—
华夏银行	2007	16.30	40.39	0.74	44.21	12.13	97.80	48.15	95.73
建设银行	2007	19.43	35.92	1.67	49.07	27.88	93.60	40.98	76.72
交通银行	2007	17.10	40.26	1.63	61.91	45.40	93.88	27.07	80.58
民生银行	2007	18.13	46.26	1.14	65.33	159.96	94.54	34.94	90.60
南京银行	2007	15.56	30.25	1.59	52.95	280.77	86.93	43.80	81.25
宁波银行	2007	17.49	36.48	1.79	50.47	151.00	89.38	61.62	88.27
农业银行	2007	—	33.52	0.88	—	−1.14	113.71	37.04	—

续表

银行名称	年份	净资产报酬率/%	成本收入比/%	总资产报酬率/%	利润增长率/%	股东权益增长率/%	资产负债率/%	流动性比率/%	大专以上员工占比/%
平安银行	2007	32.49	38.93	1.23	103.38	100.88	96.31	39.33	92.00
浦发银行	2007	23.94	38.62	1.34	63.99	14.54	96.91	39.60	80.30
兴业银行	2007	23.58	36.53	1.49	126.04	140.11	95.43	39.22	90.63
招商银行	2007	24.58	35.06	1.87	114.46	23.25	94.81	41.70	92.09
中国银行	2007	14.37	38.07	1.59	34.22	8.90	92.41	32.60	83.64
中信银行	2007	13.14	34.89	1.53	122.49	164.34	91.68	38.90	95.30
北京银行	2008	18.00	23.40	1.80	61.79	26.80	91.89	63.00	84.90
工商银行	2008	19.33	29.54	1.58	36.32	11.55	93.78	33.30	78.10
光大银行	2008	25.26	33.61	1.00	45.19	34.60	96.10	47.61	92.04
华夏银行	2008	18.17	41.41	0.61	46.15	110.03	96.25	52.90	95.45
建设银行	2008	21.40	30.71	1.69	34.10	10.72	93.81	52.74	78.98
交通银行	2008	20.86	39.38	1.50	38.56	13.08	94.56	39.62	87.30
民生银行	2008	15.11	42.55	1.06	24.46	8.94	94.81	45.50	92.28
南京银行	2008	13.57	25.39	2.05	60.10	14.11	87.89	50.24	81.34
宁波银行	2008	16.16	40.23	1.70	40.02	9.76	91.47	56.44	92.05
农业银行	2008	—	44.71	0.84	17.56	−1.40	95.86	44.79	67.14
平安银行	2008	4.39	35.99	0.19	−76.83	26.10	96.54	41.50	94.00
浦发银行	2008	35.60	36.69	1.38	127.61	47.37	96.82	55.24	82.54
兴业银行	2008	25.61	34.90	1.50	32.60	26.03	95.20	41.04	93.16
招商银行	2008	27.06	36.78	1.86	38.27	17.35	94.92	43.14	94.67
中国银行	2008	14.64	33.55	1.33	13.00	8.55	92.90	48.80	85.61
中信银行	2008	14.70	32.98	1.61	60.68	13.32	91.97	51.37	93.64
北京银行	2009	16.00	26.27	1.51	4.00	11.13	92.96	47.60	86.80
工商银行	2009	20.00	32.87	1.55	16.10	11.83	94.24	30.70	79.40
光大银行	2009	19.43	39.30	1.02	4.47	44.80	95.98	35.15	93.30
华夏银行	2009	12.83	44.88	0.61	22.45	10.26	96.42	28.68	98.02
建设银行	2009	20.64	32.90	1.62	15.29	19.56	94.19	49.63	81.06

续表

银行名称	年份	净资产报酬率/%	成本收入比/%	总资产报酬率/%	利润增长率/%	股东权益增长率/%	资产负债率/%	流动性比率/%	大专以上员工占比/%
交通银行	2009	19.26	38.87	1.28	5.81	12.90	95.03	27.83	89.57
民生银行	2009	13.99	42.17	1.26	53.51	62.60	93.77	35.43	91.00
南京银行	2009	13.21	31.29	1.54	6.02	7.25	91.86	40.24	81.34
宁波银行	2009	14.70	41.37	1.31	9.44	10.64	94.04	46.69	92.20
农业银行	2009	19.05	43.11	0.93	26.26	18.03	96.14	40.99	68.70
平安银行	2009	26.39	41.76	1.17	719.29	24.81	96.52	39.46	95.20
浦发银行	2009	25.68	35.99	1.18	5.60	63.27	95.80	48.71	81.92
兴业银行	2009	23.27	36.69	1.46	16.66	21.57	95.53	32.07	94.02
招商银行	2009	20.74	44.86	1.23	−13.48	16.30	95.51	34.47	96.03
中国银行	2009	16.48	37.15	1.41	27.20	10.43	93.77	45.30	86.56
中信银行	2009	13.68	39.95	1.30	7.51	12.23	93.97	51.61	95.06
北京银行	2010	17.00	30.30	1.36	20.75	13.28	94.19	37.71	89.00
工商银行	2010	22.68	30.61	1.71	28.43	21.02	93.89	31.80	80.70
光大银行	2010	20.99	35.44	1.27	67.34	69.29	94.51	45.63	93.30
华夏银行	2010	18.29	43.41	0.85	59.29	17.40	96.59	38.10	98.61
建设银行	2010	22.45	31.47	1.71	26.31	25.38	93.52	51.96	83.29
交通银行	2010	20.08	31.12	1.38	29.82	36.02	94.34	32.23	91.50
民生银行	2010	18.27	39.48	1.41	45.25	18.41	94.23	33.24	91.00
南京银行	2010	17.16	30.46	1.53	49.70	55.90	91.44	40.24	82.42
宁波银行	2010	19.35	38.14	1.38	59.32	62.97	93.97	46.90	96.50
农业银行	2010	22.23	38.59	1.26	45.98	58.12	94.75	38.36	68.70
平安银行	2010	22.91	40.95	1.21	24.91	63.72	95.39	52.35	94.38
浦发银行	2010	23.05	33.06	1.33	45.10	81.06	94.37	40.28	82.21
兴业银行	2010	24.39	32.91	1.51	39.44	54.36	95.03	38.45	94.50
招商银行	2010	21.50	39.90	1.49	41.32	44.43	94.42	37.04	97.20
中国银行	2010	18.87	34.16	1.48	29.20	23.97	93.54	43.20	89.48
中信银行	2010	18.79	33.82	1.49	50.20	16.38	94.02	59.11	95.19

续表

银行名称	年份	净资产报酬率/%	成本收入比/%	总资产报酬率/%	利润增长率/%	股东权益增长率/%	资产负债率/%	流动性比率/%	大专以上员工占比/%
北京银行	2011	19.00	26.35	1.35	31.51	18.48	94.73	33.64	91.00
工商银行	2011	23.32	29.38	1.88	26.10	16.57	93.81	27.60	82.30
光大银行	2011	20.44	31.95	1.49	41.26	18.03	94.45	37.67	92.86
华夏银行	2011	17.50	41.89	1.10	53.97	80.11	94.86	39.39	98.81
建设银行	2011	22.36	29.79	1.90	25.52	16.52	93.35	53.70	85.51
交通银行	2011	20.49	30.13	1.53	29.95	21.97	94.08	35.37	93.30
民生银行	2011	24.07	35.61	1.83	58.81	27.41	93.98	40.90	92.00
南京银行	2011	15.77	30.97	1.57	38.97	14.94	92.26	39.21	85.00
宁波银行	2011	17.75	36.38	1.54	40.12	17.87	92.82	52.19	97.30
农业银行	2011	20.26	35.89	1.44	28.52	19.83	94.44	40.18	71.60
平安银行	2011	18.15	37.71	1.34	63.57	124.93	94.01	51.24	96.70
浦发银行	2011	19.90	28.79	1.47	42.28	21.30	94.43	42.80	89.42
兴业银行	2011	24.49	31.95	1.58	37.71	26.18	95.18	30.71	97.89
招商银行	2011	23.90	36.19	1.81	40.20	23.14	94.10	44.28	97.68
中国银行	2011	18.27	33.07	1.51	18.93	11.79	93.61	47.00	90.81
中信银行	2011	20.94	29.86	1.72	43.28	43.56	93.54	60.89	96.64
北京银行	2012	18.30	25.78	1.13	30.59	0.42	93.60	37.57	92.00
工商银行	2012	22.93	28.56	1.45	14.53	0.18	93.57	32.50	83.90
光大银行	2012	0.00	29.97	1.18	30.57	0.19	94.98	51.25	92.86
华夏银行	2012	18.41	39.95	0.94	38.77	0.17	94.98	33.95	98.53
建设银行	2012	21.88	29.57	1.47	14.13	0.16	93.20	—	87.54
交通银行	2012	18.28	29.71	1.18	15.05	0.40	92.77	37.93	94.40
民生银行	2012	25.38	34.01	1.41	34.54	0.26	94.75	36.01	92.00
南京银行	2012	17.31	29.86	1.28	24.94	0.14	92.78	36.06	87.00
宁波银行	2012	19.80	34.13	1.29	25.04	0.18	94.02	41.99	97.00
农业银行	2012	20.57	36.76	1.16	19.00	0.16	94.33	44.75	74.50
平安银行	2012	13.80	39.41	2.53	95.06	1.78	92.63	—	83.40

续表

银行名称	年份	净资产报酬率/%	成本收入比/%	总资产报酬率/%	利润增长率/%	股东权益增长率/%	资产负债率/%	流动性比率/%	大专以上员工占比/%
浦发银行	2012	20.68	28.71	1.18	25.29	0.20	94.29	37.57	90.00
兴业银行	2012	26.54	26.73	1.23	36.94	0.47	94.75	29.47	98.29
招商银行	2012	24.49	35.99	1.46	25.30	0.21	94.12	52.29	98.10
中国银行	2012	18.13	31.73	1.19	12.46	0.14	93.21	49.80	91.97
中信银行	2012	16.61	31.51	1.10	0.69	0.14	93.14	52.20	97.56
北京银行	2013	18.04	25.51	1.10	15.19	0.09	94.14	32.75	93.00
工商银行	2013	21.83	28.03	1.44	10.11	0.13	93.24	30.20	85.50
光大银行	2013	—	31.58	1.14	13.24	0.34	93.66	33.12	92.86
华夏银行	2013	19.27	38.93	0.98	21.17	0.15	94.86	30.63	98.79
建设银行	2013	21.09	29.65	1.47	11.12	0.13	93.01	46.57	89.29
交通银行	2013	15.42	29.35	1.11	6.73	0.10	92.93	47.62	95.47
民生银行	2013	23.17	32.75	1.34	12.55	0.21	93.67	29.31	93.00
南京银行	2013	17.49	31.03	1.16	12.07	0.08	93.81	45.39	90.00
宁波银行	2013	20.43	34.86	1.16	19.15	0.15	94.48	42.68	98.00
农业银行	2013	20.80	36.30	1.20	14.63	0.12	94.20	43.57	76.60
平安银行	2013	16.50	40.77	3.56	40.42	0.14	92.87	—	86.49
浦发银行	2013	21.25	25.83	1.21	19.70	0.15	94.37	30.86	90.00
兴业银行	2013	22.27	26.71	1.20	18.85	0.18	94.53	35.79	98.22
招商银行	2013	22.94	34.36	1.39	14.30	0.33	93.38	59.64	98.30
中国银行	2013	18.04	30.61	1.23	12.36	0.12	93.07	48.00	92.60
中信银行	2013	18.36	31.41	1.20	26.24	0.14	93.66	46.40	98.12
北京银行	2014	17.98	24.65	1.09	16.25	0.23	93.69	33.46	95.00
工商银行	2014	19.86	26.75	1.40	5.01	0.20	92.54	33.20	85.40
光大银行	2014	—	29.82	1.12	8.12	0.17	93.44	45.90	92.86
华夏银行	2014	19.24	37.57	1.02	15.96	0.19	94.49	46.76	98.54
建设银行	2014	19.61	28.85	1.42	6.14	0.17	92.52	48.88	90.64
交通银行	2014	14.72	30.29	1.08	5.71	0.12	92.44	47.17	95.77

续表

银行名称	年份	净资产报酬率/%	成本收入比/%	总资产报酬率/%	利润增长率/%	股东权益增长率/%	资产负债率/%	流动性比率/%	大专以上员工占比/%
民生银行	2014	20.39	33.27	1.26	5.36	0.21	93.83	36.00	96.00
南京银行	2014	18.94	27.91	1.12	24.72	0.22	94.28	45.81	92.00
宁波银行	2014	19.51	32.07	1.11	16.23	0.34	93.83	54.61	99.00
农业银行	2014	19.60	34.56	1.18	7.90	0.22	93.54	44.02	78.20
平安银行	2014	18.20	36.33	4.93	39.51	0.48	91.17	—	88.93
浦发银行	2014	20.85	23.12	1.20	14.92	0.27	93.73	30.68	90.00
兴业银行	2014	21.00	23.78	1.18	14.50	0.30	94.07	41.59	97.40
招商银行	2014	19.10	30.54	1.28	8.06	0.18	93.34	59.38	98.83
中国银行	2014	17.28	28.57	1.22	8.08	0.23	92.24	49.90	93.76
中信银行	2014	16.76	30.32	1.07	3.87	0.16	93.54	51.82	98.58

参 考 文 献

[1] AFKAN R, ISAZADE. Azerbaijan: deposit insurance system[J]. Journal of financial regulation and compliance, 2009, 17: 318-335.

[2] CAMPBELL A, LABROSSE J, DAVID, et al. A new standard for deposit insurance and government guarantees after the crisis[J]. Journal of financial regulation and compliance, 2009, 17(3): 210-239.

[3] CHRISTOPOULOS A, MYLONAKIS J, DIKTAPANIDIS P. Could lehman brothers' collapse be anticipated? An examination using CAMELS rating system[J]. International business research, 2011(4).

[4] AYESHA A, NAWAZISH M. Market discipline in commercial banking: evidence from the market for bank equity[J]. Lahore journal of economics, 2011, 16: 233-254.

[5] CALOMIRIS C. Financial innovation, regulation, and reform[J]. Cato journal, 2009, 29(1): 65-91.

[6] SHEHZAD C, DE HAAN J, SCHOLTENS B. The impact of bank ownership concentration on impaired loansand capital adequacy[J]. Journal of banking & finance, 2010, 34(2): 399-408.

[7] BLAIR C E, CARNS F, KUSHMEIDER R M. Instituting a deposit insurance system: why? how?[J]. Journal of banking regulation, 2006, 8(8): 4-19.

[8] CONGLETON R D. On the political economy and limits of crisis insurance: the case of the 2008—11 bailouts[J]. Public choice, 2011, 150(3): 399-423.

[9] MATHUVA D M. Capital adequacy, cost income ratio and the performance of commercial banks: the kenyan scenario[J]. The international journal of applied economics and finance, 2009, 3(2).

[10] DAI J X, HUANG X, MA L. Analysis of bank's behavior on capital adequacy supervision and capital idiosyncrasy[J]. Canadian social science, 2010, 4(6): 9-15.

[11] DAI J X, WANG G. The game between securitization and capital regulation[J]. Management science and engineering, 2007, 1(1).

[12] VAN HOOSE D. Regulatory constraints on performance-based managerial compensation, bank monitoring, and aggregate loan quality[J]. Atlantic economic journal, 2011, 39(4): 315-328.

[13] ALPER D, ANBAR A. Bank specific and macroeconomic determinants of commercial bank profitability: empirical evidence from turkey[J]. Business and economics research journal, 2011, 2(2): 139.

[14] TEKER D, TEKER S, SÖNMEZ M. Economic value added performances of publicly owned banks: evidence from turkey[J]. International research journal of finance and economics, 2011, 75: 132-137.

[15] PRESCOTT E S. Can risk-based deposit insurance premiums control moral hazard?[J] Economic quarterly, 2002, 88: 87-100.

[16] Financial services authorities. The turner review: a regulatory response to the global banking crisis[EB/OL]. http.//www.fsa.gov.uk/pubs/other/turner_review.pdf.

[17] GUO N N, Analysis on competitiveness of chinese commercial banks[J]. China-USA business review, 2008, 1: 9-16.

[18] YANA H, HUANG Y. Deposit insurance and banking supervision in China: the agenda ahead[J]. The geneva papers, 2008, 33(3): 547-565.

[19] HILL J A. Bank capital regulation by enforcement: an empirical study[J]. Social science electronic publishing, 2011, 87(2): 645-708.

[20] ENNIS H, PRICE D. Basel Ⅲ and the continuing evolution of bank capital regulation[J]. The federal reserve bank of Richmond, 2011, 6: 1-5.

[21] KAWASAKI I. Liquidity mandate in rising regulation may lead to

systemic reduction in bank profitability, innovation: KPMG report [N/OL]. http: //www.prnewswire.com.

[22] NGUYEN J. Market concentration and other determinants of bank profitability: evidence from panel data[J]. International research journal of finance and economics, 2011, 70: 7-19.

[23] BARTH J, CAPRIO J, LEVINE R. Bank regulations are changing: for better or worse?[J]. Comparative economic studies, 2008, 50: 537-563.

[24] BARTH J, CHEN L, MA Y. Do bank regulation, supervision and monitoring enhance or impede bank efficiency?[J]. Journal of banking & finance, 2013, 37(18): 2879-2892.

[25] HYO-CHAN J. Global financial regulation and Korea's financial industry: the introduction of bank levies[J]. SERI quarterly, 2010, 10: 23-29.

[26] LEE J. Internal model-based capital standard and the cost of deposit insurance[J]. Research in finance, 2008, 24(7): 57-73.

[27] CLARK J. Regulation: capital punishment?[J]. Risk, 2009, 12: 38-40.

[28] OKEEFE J, WILCOX J. How has bank supervision performed and how might it be improved?[C]. The federal reserve bank of Boston's 54th economic conference, 2010, 10: 1-47.

[29] CHU K. Deposit insurance and banking crises in the short and long run[J]. Cato journal, 2003, 23: 265-280.

[30] LAEVEN L. Bank risk and deposit insurance[J]. The world bank economic review, 2002, 16(1): 109-137.

[31] HOOKS L, ROBINSON K. Deposit insurance and moral hazard: evidence from texas banking in the 1920s[J]. The journal of economic history, 2002, 9: 833-853.

[32] LAEVEN L. The political economy of deposit insurance[J]. Journal of finance services research, 2004, 26: 201-224.

[33] HELLWIG M. Capital regulation after the crisis: business as usual?[J].

Ssrn electronic journal, 2010, 31: 40-46.

[34] HALL M. The reform of UK financial regulation[J]. Journal of banking regulation, 2009, 11: 31-75.

[35] KOWALIK M. Counter cyclical capital regulation: should bank regulators use rules or discretion?[J]. Economic review, 2011, 2: 63-84.

[36] MIELE M, SALES E. The financial crisis and regulation reform[J]. Journal of banking regulation, 2011, 12(2): 277-307.

[37] SANGMI M, NAZIR T. Analyzing financial performance of commercial banks in India: application of CAMEL model[J]. Pakistan journal of commerce & social sciences, 2010, 4(1): 40-55.

[38] IKPEFAN O. The impact of bank capitalization in the performance of Nigerian banking industry: 1986-2006[J]. The journal of commerce, 2010, 1: 24-39.

[39] OLADEJO M, OLADIPUPO A. Capital regulation and the performance of the Nigerian banks: need for review[J]. Journal of emerging trends in economics and management sciences, 2011, 2: 215-224.

[40] HOFFMANN P. Determinants of the profitability of the US banking industry[J]. International journal of business and social science, 2011, 12: 255-269.

[41] CARDER P. Interface management: a fictional case study[J]. Facilities, 1997(15): 142-149.

[42] PENNACCHI G. Deposit insurance, bank regulation, and financial system risks[J]. Journal of monetary economics, 2006, 53(1): 1-30.

[43] CARTWRIGHT P, COMPBELL A. Co-insurance and moral hazard: some reflections on deposit protection in UK and USA[J]. Journal of banking regulation, 2003, 9: 9-20.

[44] MIU P, OZDEMIR B. Managing capital buffers in the pillar Ⅱ framework: designing an effective ICAAP/ORSA to manage procyclicality and to reconcile short-term and long-term views of

capital[J]. The journal of risk model validation, 2010, 4(4): 1-45.

[45] BEBENROTH R, DIETRICH D, VOLLMER U. Bank regulation and supervision in bank-dominated financial systems: a comparison between Japan and Germany[J]. European journal of law & economics, 2009, 27(2): 177-209.

[46] VERMA R, BODLA B. Performance of scheduled commercial banks in India: an application of DEA[J]. Decision, 2011, 38: 6-76.

[47] DALE R. Deposit insurance in theory and practice[J]. Journal of financial regulation and compliance, 2000, 8(1): 36-56.

[48] HETZEL R. Should increased regulation of bank risk-taking come from regulators or from the market?[J]. Federal reserve bank of Richmond economic quarterly, 2009, 95(2): 161-200.

[49] LASTRA R. Reforming bank capital regulation: joint statement by a sub-group of the shadow financial regulatory committees of Europe, Japan, Latin America, and the United States[J]. Journal of banking regulation, 2001, 10: 96-98.

[50] NACEUR S, KANDIL M. The impact of capital requirements on banks'cost of inter-mediation and performance: the case of Egypt[J]. Journal of economics and business, 2009, 61: 70-89.

[51] VAROTTO S. Liquidity risk, credit risk, market risk and bank capital[J]. International journal of managerial finance, 2011, 2: 134-152.

[52] THIAGARAJAN S, AYYAPPAN S, RAMACHANDRAN A. Market discipline, behavior and capital adequacy of public and private sector banks in India[J]. European journal of social sciences, 2011, 1: 109-115.

[53] CLAEYS S, SCHOORS K, VANDERVENNET R. The sequence of bank liberalization: financial repression versus capital requirements in Russia[J]. Comparative economic studies, 2008, 50: 297-317.

[54] HAWARY, SHELASH I S. The effect of banks governance on

banking performance of the Jordanian commercial banks: Tobin's Q model "an applied study"[J]. International research journal of finance and economics, 2011, 71: 34-47.

[55] GIBBONS T, POWER L. Regulation reform in the banking sector[J]. Accountancy Ireland, 2009, 4: 20-23.

[56] SWAN W. Reform, regulation and recovery: a global plan[J]. In finance, 2009, 6: 25-27.

[57] WANG W Y. Essays on banking crises and deposit insurance[D]. Texas A&M University, 2008, 8: 1-131.

[58] YONGE W. The new UK financial services act 2010 makes significant reform: if trumped by recently elected coalition government proposals for a new regulatory structure[J]. Journal of investment compliance, 2010, 3: 28-33.

[59] LIANG X Z. Three essays on the capital structure and risk exposure of banks under deposit insurance and capital requirements[D]. University of Connecticut, 2006: 1-117.

[60] YILMAZ E, MUSLUMOV A. Deposit insurance and moral hazard problem: the case of Turkish banking system[J]. Applied economics, 2008, 40(16): 2147-2163.

[61] CHIU Y H, JAN C L, SHEN D B, et al. Efficiency and capital adequacy in Taiwan banking: BCC and super-DEA estimation[J]. The service industries journal, 2008, 5: 479-496.

[62] SAADAOUI Z. Risk-based capital standards and bank behavior in emerging and developed countries[J]. Journal of banking regulation, 2011, 12: 180-191.

[63] FUNGACOVA Z, KORHONEN I. Like China, the Chinese banking sector is in a class of its own[J]. Ssrn electronic journal, 2011, 32: 5-30.

[64] 巴曙松，刘清涛，牛播坤. 中国资本充足监管框架的形成及其市场影响：兼论巴塞尔新资本协议与《商业银行资本充足率管理办

法》的比较[J]. 财经科学，2005(1).
[65] 巴曙松，朱元倩. 巴塞尔资本协议Ⅲ研究[M]. 北京：中国金融出版社，2011.
[66] 巴曙松. 巴塞尔新资本协议研究[M]. 北京：中国金融出版社，2003.
[67] 鲍红梅，徐新丽. 基于多元统计分析的商业银行绩效评价研究[J]. 长春师范学院学报(自然科学版)，2011(3).
[68] 卜亚. 激励相容：银行金融创新监管机制构建　理论综述及研究展望[J]. 技术经济与管理研究，2012(1).
[69] 卜亚. 银行监管理论研究综述[J]. 常熟理工学院学报，2011(5).
[70] 蔡允革. 资本监管对我国商业银行资本充足率和资产风险水平影响的实证研究[J]. 西部金融，2008(10).
[71] 陈彩，朱博文. 资本约束，治理机制和银行风险承担[J]. 金融发展研究，2011(11).
[72] 陈冠华，杨晓奇. 资本充足监管与商业银行风险的实证分析[J]. 财经问题研究，2010(5).
[73] 陈国辉，李婷. 中国银行控股公司资本充足率管理的实证研究[J]. 财务与金融，2009(2).
[74] 陈建梁，赵永伟. 银行监管理论的最新发展[J]. 国际金融研究，1999(9).
[75] 陈静，曹家和. 美国银行监管体制改革方案及对我国的启示[J]. 经济问题探索，2010(9).
[76] 陈磊，黄薇. 基于时间序列数据的存款保险费率和资本充足率在商业银行风险评价中的一致性研究[J]. 管理评论，2011(8).
[77] 陈磊. 基于横截面数据的存款保险费率和资本充足率的一致性研究[J]. 南京师大学报(社会科学版)，2010(2).
[78] 陈亮. 浅析美国存款保险制度的发展状况及对我国的启示[J]. 经济学情报，2000(3).
[79] 陈茹渟. 关于我国隐性存款保险制度的反思[J]. 商业时代，2011(14).

[80] 陈诗冶，孙红梅，陈良. 我国上市银行资本结构影响因素的实证研究[J]. 商业会计，2011(3).
[81] 陈维. 道德风险与存款保险[J]. 经济研究导刊，2010(23).
[82] 陈小宪. 风险 资本 市值：中国商业银行实现飞跃的核心问题[M]. 北京：中国金融出版社，2004.
[83] 陈学民，吴仰儒. 中国商业银行存款保险定价与模式选择[J]. 财经论丛，2012(1).
[84] 陈学民. 存款保险定价模型与中国模式选择[J]. 商业研究，2011(12).
[85] 陈颖，李楠，陈敏. 后危机时代银行资本结构的新安排[J]. 新金融，2012(1).
[86] 陈正勇. 激励相容：我国银行监管的现实选择[J]. 济南金融，2004(4).
[87] 陈仲常，刘佳，林川. 商业银行绩效评价体系及影响因素研究[J]. 工业工程，2011(3).
[88] 陈珠明，陈建梁. 对金融机构资本监管的激励相容机制：预先承诺制(PCA)的信息经济学分析[J]. 经济科学，2001(3).
[89] 崔泽园，赵瑞. 中国商业银行的资本结构与风险规避：基于三性原则的分析[J]. 山西大学学报(哲学社会科学版)，2011(6).
[90] 代军勋，马理，黄宪. 资本约束下的银行贷款行为和规模：基于资本特质性的分析[J]. 经济评论，2009(6).
[91] 单沛君，杨晓明，任丽莉. 我国上市商业银行资本结构对盈利能力的影响研究[J]. 价值工程，2010(5).
[92] 丁琳琳. 基于激励相容的银行监管代理问题的机制探讨[J]. 天津商业大学学报，2008(5).
[93] 丁宇飞. 最后贷款人制度与存款保险制度的协同分析[J]. 金融与经济，2010(6).
[94] 窦鹏娟. 隐性与显性存款保险制度的比较分析[J]. 法制与社会，2010(4).
[95] 杜荣耀，胡海鸥. 存款准备率和资本充足率影响商业银行贷款规

模的机制分析[J]. 上海金融，2011(1).
[96] 杜云. 国外存款保险法律制度构建述评[J]. 河南社会科学，2009(9).
[97] 方长丰. 关于商业银行绩效评价体系的实证研究[J]. 税务与经济，2011(4).
[98] 方长丰. 商业银行绩效评价研究的回顾与展望[J]. 大连海事大学学报(社会科学版)，2011(1).
[99] 方华. 核心资本充足率对银行业绩的影响分析[J]. 财会通讯，2010(7).
[100] 方建武，冯海玲，刘文韬. 存款保险制度中的道德风险研究[J]. 西安财经学院学报，2009(7).
[101] 封媛媛. 美英银行监管体制的比较及对中国的启示[J]. 经济师，2009(10).
[102] 冯聪. 存款保险定价模式的选择：基于道德风险角度[J]. 黑龙江对外经贸，2011(6).
[103] 冯乾，侯合心. 资本监管改革与资本充足率：基于巴塞尔协议Ⅲ的上市银行分析[J]. 财经科学，2012(2).
[104] 付正辉. 商业银行资本管理与风险控制：释解《巴塞尔新资本协议》[M]. 北京：经济日报出版社，2005.
[105] 耿同劲. 显性化：我国存款保险制度的未来演进[J]. 商业研究，2010(7).
[106] 顾晓敏，于夏. 我国商业银行资本充足率与银行绩效研究[J]. 中国市场，2010(48).
[107] 关新红. 构建合理的商业银行绩效评价体系[J]. 中央财经大学学报，2003(7).
[108] 郭旭辉. 美国存款保险公司发展沿革及对我国的启示[J]. 经济视角，2011(4).
[109] 郭友，莫倩. 资本约束与信贷挤压[J]. 金融研究，2006(7).
[110] 国晖. 关于我国银行业激励相容的监管研究[J]. 上海经济研究，2009(1).

[111] 韩国文，陆菊春. 对建立存款保险制度的冷思考：基于银行间动态博弈和存款人风险态度的分析[J]. 经济管理，2009(4).
[112] 何太平. 企业绩效评价理论及其适用性[J]. 技术经济，2003(1).
[113] 何自云. 激励相容：银行监管的发展方向[N]. 金融时报，2003-6-9.
[114] 何自云. 激励相容的银行监管[J]. 财经科学，2004(增刊).
[115] 胡季英，冯英浚. 企业绩效评价理论研究述评与展望[J]. 现代管理科学，2005(9).
[116] 胡腾宇. 我国上市商业银行综合绩效的实证研究[J]. 会计之友，2011(3).
[117] 胡艳玲. 激励相容理论在金融监管中的运用[J]. 河北经贸大学学报，2004(3).
[118] 胡莹，仲伟周. 资本充足率，存款准备金率与货币政策银行信贷传导：基于银行业市场结构的分析[J]. 南开经济研究，2010(1).
[119] 黄磊，李韬. 存款保险制度的道德风险分析[J]. 商场现代化，2010(9).
[120] 黄丽娟，张佳梦. 公允价值，资本充足率与金融危机[J]. 会计研究，2009(5).
[121] 黄宪，马理，代军勋. 资本充足率监管下银行信贷风险偏好与选择分析[J]. 金融研究，2005(7).
[122] 黄晓珊. IFRS 9 的实施对银行资本充足率的影响[J]. 财经界，2011(4).
[123] 季志伟. 我国上市银行绩效评价指标体系的构建与实证分析[J]. 山东行政学院山东省经济管理干部学院学报，2009(3).
[124] 江曙霞，何建勇. 激励相容视角下银行监管机制设计：研究综述和展望[J]. 制度经济学研究，2009(3).
[125] 江曙霞，何建勇. 银行资本，银行信贷与宏观经济波动：基于 C-C 模型的影响机理分析的拓展研究[J]. 金融研究，2011(5).
[126] 江曙霞，任婕茹. 资本充足率监管压力下资本与风险的调整：基于美国商业银行数据的实证分析[J]. 厦门大学学报(哲学社会科

学版)，2009(4).

[127] 蒋海，刘少波. 银行资本监管理论及其新进展[J]. 当代经济科学，2003(3).

[128] 蒋海，王丽琴. 金融危机对资本充足率监管与银行风险承担激励的影响：基于我国上市银行的实证比较[J]. 产经评论，2011(4).

[129] 蒋海，萧松华，齐洁. 金融监管效率的基石：激励相容的监管机制[J]. 当代经济科学，2004(4).

[130] 蒋健，赵洋. 商业银行资本充足率，股权结构与盈利能力[J]. 贵州财经学院学报，2012(1).

[131] 解正山. 《有效存款保险制度核心原则》评介及对我国的借鉴[J]. 上海金融，2009(10).

[132] 金秀，靳冬利. 基于骆驼评价指标的中国银行经营效率实证研究[J]. 经济研究导刊，2007(5).

[133] 金雪军，李红坤. 激励相容监管机制：银行业监管效率的基石[J]. 东南大学学报(哲学社会科学版)，2005(5).

[134] 金雪军，李红坤. 银行资本监管理论文献综述[J]. 南阳师范学院学报(社会科学版)，2005(7).

[135] 敬志勇，范利民，厉吉斌. 我国银行存款保险制度的路径选择研究[J]. 当代经济科学，2011(9).

[136] 康义，张业民，苏强. 道德风险，优化方案：构建存款保险制度的理性思考[J]. 华北金融，2011(8).

[137] 孔令学. 金融宏观审慎管理框架下我国存款保险制度主要问题探讨[J]. 金融理论与实践，2011(9).

[138] 类承曜. 银行监管理论：一个文献综述[J]. 管理世界，2007(6).

[139] 李夺. 资本充足率监管与商业银行经营目标的路径选择[J]. 金融论坛，2006(2).

[140] 李红坤. 符合我国国情的银行监管激励相容度概念[J]. 经济研究参考，2007(42).

[141] 李红坤. 监管失灵，激励相容与我国银行业监管[J]. 首都经贸大学学报，2007(4).

[142] 李红坤. 我国银行业监管低激励相容度分析[J]. 上海金融学院学报，2007(2).
[143] 李红坤. 银行资本监管经验文献评述[J]. 安徽商贸职业技术学院学报，2007(4).
[144] 李红坤. 资本约束，激励相容与银行业监管[J]. 金融论坛，2007(5).
[145] 李红坤. 资本约束条件下我国银行业监管激励相容度研究[J]. 山东经济，2008(1).
[146] 李纪建，张学英. 我国商业银行资本充足率管理办法与新巴塞尔资本协议的比较[J]. 海南金融，2006(3).
[147] 李乐. 银行监管理论的发展趋势：监管有效性理论[J]. 理论观察，2007(1).
[148] 李莉. 银行监管的原因，失灵及其改进[J]. 世界经济文汇，2006(3).
[149] 李卢霞，张娜. 制度：商业银行稳健发展的基石 2009 年商业银行制度研究综述[J]. 金融理论与实践，2010(6).
[150] 李敏华. 我国上市商业银行资本结构研究[J]. 经济观察，2011(8).
[151] 李仁真. 论巴塞尔银行监管体制的原则框架[J]. 国际金融研究，1998(12).
[152] 李文. 从利润管理到价值管理：商业银行资本管理探析[M]. 北京：中国金融出版社，2007.
[153] 李文泓，罗猛. 关于我国商业银行资本充足率顺周期性的实证研究[J]. 金融研究，2010(1).
[154] 李喜梅，胡棋智. 中国银行资本结构动态调整研究：基于 5 家股份制上市银行的分析[J]. 广东金融学院学报，2011(2).
[155] 李喜梅. 三性原则下中国上市商业银行资本结构与绩效关系研究[J]. 管理世界，2011(2).
[156] 李扬，彭兴韵. 存款准备金与资本充足率监管的货币政策效应[J]. 财经理论与实践，2005(5).
[157] 李宇嘉，陆军. 贷款损失准备金，资本监管与银行财务绩效[J]. 当

代经济科学，2009(2).
[158] 李政，赵岩．我国上市银行资本结构与盈余持续性关系研究[J]．重庆工商大学学报(西部论坛)，2009(5).
[159] 李志辉．中国银行业风险控制和资本充足性管制研究[M]．北京：中国金融出版社，2007.
[160] 李志强，马宁．《有效存款保险制度核心原则及符合性评价方法》对我国构建存款保险制度的启示[J]．经济导刊，2011(3).
[161] 李志强，尹锋林．我国建立存款保险制度的功能定位与制度构架[J]．前沿，2011(19).
[162] 郦锡文．资本充足率：银行董事会新挑战[J]．董事会，2011(7).
[163] 梁绮利．从资本充足率到有形普通股权益比率：透视经济危机背景下资本监管新趋势[J]．农村金融研究，2009(9).
[164] 梁媛．银行资本结构决定的特殊性与资本充足率监管[J]．财经科学，2002(5).
[165] 林琳．资本充足率成为上市银行迅速扩张的瓶颈[J]．会计之友，2006(4).
[166] 刘百花．发展中国家资本监管的特殊性研究[J]．上海金融，2006(3).
[167] 刘斌．资本充足率对信贷，经济及货币政策传导的影响[J]．金融研究，2005(8).
[168] 刘春雷．中国隐性存款保险的道德风险问题及解决办法[J]．特区经济，2006(2).
[169] 刘海龙，杨继光．基于银行监管资本的存款保险定价研究[J]．管理科学学报，2011(3).
[170] 刘海云，魏文军，欧阳建新．基于市场、股权和资本的中国银行业绩效研究[J]．国际金融研究，2005(5).
[171] 刘华．香港银行监管体制[J]．比较法研究，1995(3).
[172] 刘江峰，夏云．企业绩效评价的理论与方法综述[J]．企业经济，2005(6).
[173] 刘金玲．欧盟银行存款保险制度研究[J]．今日南国，2010(1).

[174] 刘静. 银行资本监管的国内外文献综述[J]. 金融经济，2011(24).
[175] 刘澜飚，范小云，彭砚. 银行资本充足率监管对宏观经济的影响：基于亚洲地区的实证研究[J]. 南开经济研究，2007(6).
[176] 刘明学，吴寒. 最优银行监管理论新发展[J]. 商业时代，2009(13).
[177] 刘明彦. 美国存款保险制度在金融危机中为何失灵[J]. 银行家，2009(3).
[178] 刘明彦. 美国银行业资本充足率监管[J]. 银行家，2008(9).
[179] 刘沛，卢文刚. 金融安全的概念及金融安全网的建立[J]. 国际金融研究，2001(11).
[180] 刘勤. 美国存款保险制度在本轮金融危机中的发展创新[J]. 国际金融研究，2010(6).
[181] 刘世荣. 商业银行资本充足率提高途径与银行业绩实证分析[J]. 科技创业月刊，2007(7).
[182] 刘世荣. 资本充足率指标对我国商业银行财务预警的有效性分析[J]. 科技创业月刊，2010(1).
[183] 刘宛晨，何妍. 上市商业银行资本结构与现实竞争力关系的实证研究[J]. 财经理论与实践，2011(174).
[184] 刘维林. 激励相容与金融监管的边界[J]. 经济纵横，2009(11).
[185] 刘文俊. 商业银行的绩效评价：从 EVA 的角度进行分析[J]. 市场周刊(理论研究)，2008(6).
[186] 刘晓青. 美国次贷危机，存款保险制度与道德风险[J]. 经济论坛，2009(2).
[187] 刘晓星，卢菲，王金定. 我国商业银行资本充足率监管的有效性研究[J]. 广东商学院学报，2011(3).
[188] 陆爱勤. 存款保险制度的国际经验和中国模式的思考[J]. 世界经济研究，2010(6).
[189] 鹿波，李昌琼. 资本充足率对我国商业银行贷款损失准备金计提行为的影响：顺周期效应与熨平收入效应的考察[J]. 武汉金融，2009(6).
[190] 鹿波. 中国上市公司违约率的顺周期效应实证研究[J]. 金融论

坛，2009(3).
[191] 马草原，李运达. 限额存款保险与中国银行业的市场约束[J]. 金融论坛，2010(8).
[192] 马蔚华. 资本约束与经营转型：12 家股份制商业银行行长共谋变革时期的发展大计[M]. 北京：中信出版社，2005.
[193] 庙久芝，董继刚. 商业银行资本结构与经营绩效关系的实证研究：基于盈利性和成长性的考量[J]. 金融发展研究，2011(9).
[194] 牟益斌. 美国的银行监管体制[J]. 海南金融，1995(12).
[195] 慕丽杰. 中国商业银行资本结构优化和风险防范相关性分析[J]. 经济观察，2011(6).
[196] 裴桂芬. 银行监管的理论与模式：兼论日本的银行监管[M]. 北京：商务印书馆，2005.
[197] 钱先航，吴凤霞. 我国商业银行资本充足率影响因素的实证研究[J]. 济南金融，2007(9).
[198] 钱小安. 存款保险的道德风险、约束条件与制度设计[J]. 金融研究，2004(8).
[199] 邱力生，张峻豪. 企业绩效评价理论演变：一个资本扩展的视角[J]. 湖北经济学院学报，2010(7).
[200] 上官飞，舒长江. 中国商业银行绩效评价[J]. 经济问题，2011(1).
[201] 尚静. 银行资本监管的理论基础[J]. 现代管理科学，2004(10).
[202] 邵轶烨. 银行监管理论简述[J]. 中国内部审计，2012(1).
[203] 佘春宁. 我国银行监管的理论依据与对策[J]. 南方金融，2007(1).
[204] 佘桂荣. 基于市场约束的国际显性存款保险制度改革趋势及启示[J]. 金融理论与实践，2009(4).
[205] 沈庆劼. 商业银行监管资本套利的动因、模式与影响研究[J]. 经济管理，2010(11).
[206] 沈庆劼. 商业银行监管资本套利的均衡分析[J]. 经济评论，2010(6).
[207] 沈庆劼. 新巴塞尔协议下是否依然存在监管资本套利[J]. 上海经济研究，2010(5).

[208] 沈如军. 国际财务报告准则及巴塞尔协议框架下会计资本与监管资本比较研究[J]. 金融会计，2011(8).

[209] 时晓虹，姚殿莉. 商业银行资本充足率国际比较[J]. 合作经济与科技，2006(8).

[210] 司振强. 借鉴欧盟银行监管经验完善我国银行资本监管政策[J]. 金融会计，2006(11).

[211] 宋琴，郑振龙. 巴塞尔协议Ⅲ、风险厌恶与银行绩效[J]. 国际金融研究，2011(7).

[212] 宋清华，陈雄兵，曲良波. 商业银行规模与风险：来自中国的经验证据[J]. 财经政法资讯，2011(6).

[213] 宋永明. 监管资本套利和国际金融危机：对 2007—2009 年国际金融危机成因的分析[J]. 金融研究，2009(12).

[214] 孙婧. 中西方商业银行绩效评价体系的比较研究[J]. 世界经济情况，2009(3).

[215] 孙天琦，张观华. 银行资本、经济周期和货币政策文献综述[J]. 金融研究，2008(1).

[216] 孙文合，田岗，李华. 基于商业银行三性、杜邦模型和 CAMEL 体系的业绩评价[J]. 审计与经济研究，2005(7).

[217] 孙晓萍，厉建军，刘虎. 构建我国存款保险制度的法律思考[J]. 理论导报，2011(10).

[218] 孙永风，李垣. 企业绩效评价的理论综述及存在的问题分析[J]. 预测，2004(2).

[219] 孙玉荣，左婷婷. 我国商业银行资本结构与风险实证关系研究[J]. 北京工业大学学报(社会科学版)，2011(6).

[220] 唐斌，赵洁. 资本，资本充足率与银行治理：略论《商业银行资本充足率管理办法》对我国银行的影响及对策[J]. 南方金融，2004(9).

[221] 涂真，吕雅. 我国存款保险制度的文献综述：基于存款保险制度建立流程的角度[J]. 哈尔滨金融学院学报，2012(1).

[222] 万红. 美加存款保险制度的分析及其对我国的启示[J]. 西安邮电

学院学报，2010(4).
[223] 汪冬梅，王翠春，刘廷伟. 中国资本充足监管对银行盈利影响的实证研究[J]. 财政研究，2009(7).
[224] 汪国庆. 隐性与显性存款保险制度道德风险的比较[J]. 保险职业学院学报，2009(4).
[225] 王保庆. 存款保险制度对金融业的影响及我国存款保险制度的路径选择[J]. 金融理论与实践，2011(5).
[226] 王丹. 发达国家银行监管体制研究及借鉴[J]. 金融经济，2007(18).
[227] 王斐. 存款保险制度比较[J]. 东方企业文化，2010(5).
[228] 王刚. 外资银行资本充足率监管比较研究及启示[J]. 华北金融，2006(4).
[229] 王海全，方婷. 新加坡的存款保险制度及其对我国的启示[J]. 武汉金融，2009(11).
[230] 王化成，刘俊勇. 企业业绩评价模式研究：兼论中国企业业绩评价模式选择[J]. 工业企业管理，2004(7).
[231] 王立军，蔡兴旭. 论中国隐性存款保险制度的退出[J]. 社会科学辑刊，2011(2).
[232] 王鹏程. 基于我国商业银行绩效评价体系的实证分析[J]. 经营管理者，2009(20).
[233] 王胜邦，陈歆. 监管工具改革对银行资本结构的影响[J]. 中国金融，2012(3).
[234] 王胜邦，陈颖. 中国商业银行资本监管、制度变迁和效果评价[J]. 国际金融研究，2009(5).
[235] 王胜邦. 商业银行资本结构: 存在一个具体的比例吗[J]. 财经科学，2006(3).
[236] 王胜邦. 推动中国商业银行资本监管制度发展的路线图：解读《中国银行业实施新资本协议指导意见》[J]. 中国金融，2007(10).
[237] 王文平，闫东修. 我国商业银行资本结构影响因素的实证分析[J]. 石家庄经济学院学报，2012(1).

[238] 王先福. 存款保险制度理论研究文献综述及评价[J]. 法制与经济，2011(12).

[239] 王湘东. 美日银行监管体制的比较与启示[J]. 世界经济研究，2003(8).

[240] 王晓雷. 美国的银行资本监管与商业银行资本充足率[J]. 金融与经济，2005(12).

[241] 王晓龙，周好文. 银行资本监管与商业银行风险：对中国 13 家商业银行的实证研究[J]. 金融论坛，2007(7).

[242] 王晓龙，周好文. 中国银行资本监管模式选择研究[J]. 金融论坛，2008(1).

[243] 魏晓琴，张娜，丛红媛. 我国商业银行资本充足率与风险资产关系研究[J]. 金融发展研究，2011(12).

[244] 文晶. 英国银行监管体制及其对我国银行监管的启示[J]. 上海金融，2000(12).

[245] 吴栋，周建平. 资本要求和商业银行行为：中国大中型商业银行的实证分析[J]. 金融研究，2006(8).

[246] 吴革，王懿. 基于代理理论的企业业绩评价问题研究[J]. 财务与会计导刊(理论版)，2008(6).

[247] 吴军，何自云. 金融制度的激励功能与激励相容度标准[J]. 金融研究，2005(6).

[248] 吴军，邹恒甫. 存款保险，道德风险与银行最优监管：一个分析框架及其在中国的应用[J]. 统计研究，2005(2).

[249] 吴俊，张宗益，徐磊. 资本充足率监管下的银行资本与风险行为：《商业银行资本充足率管理办法》实施后的实证分析[J]. 财经论丛，2008(3).

[250] 吴小建，王家峰. 政策执行的制度背景、规则嵌入与激励相容[J]. 学术界，2011(12).

[251] 吴艳艳. 商业银行经济资本管理体系应用：以中国工商银行为例[J]. 金融与经济，2010(6).

[252] 吴燕. 论 90 年代中期美国银行监管体制改革[J]. 经济评论，

1999(4).

[253] 郗澜. 我国商业银行资本充足率影响因素研究：来自股份制银行的实证[J]. 陕西广播电视大学学报，2006(2).

[254] 夏红芳. 西方银行监管理论演进及对我国的启示[J]. 经济社会体制比较，2008(5).

[255] 贤成毅. 我国银行资本监管制度与国际惯例的接轨与差距[J]. 改革与战略，2004(12).

[256] 向云. 存款保险制度与信息不对称[J]. 科技经济市场，2010(9).

[257] 谢玮，曾刚. 资本充足率趋严对银行信贷及宏观经济的影响[J]. 银行家，2011(12).

[258] 新资本协议研究和规划项目组. 不断提高商业银行信息披露规范化水平：解读《商业银行资本充足率信息披露指引》[J]. 中国金融，2010(17).

[259] 熊娟. 资本充足率要求对商业银行业绩影响研究[J]. 上海金融学院学报，2010(2).

[260] 徐宝林，刘百花. 监管资本套利动因及对银行的影响分析：兼论对我国银行业资本监管和管理的启示[J]. 中国金融，2006(5).

[261] 徐泓，蒋砚章，姚岳. 公司价值评价体系的构建[J]. 财务与会计导刊，2010(7).

[262] 徐联初. 金融外部性问题与中央银行监管的理论基础[J]. 武汉金融，2000(1).

[263] 徐振东. 银行家的全面风险管理：基于巴塞尔Ⅱ追求银行股东价值增值[M]. 北京：北京大学出版社，2010.

[264] 许明波. 企业绩效计量模式创新动向：综述与展望[J]. 企业管理研究，2008(1).

[265] 许友传. 资本约束下的银行资本调整与风险行为[J]. 经济评论，2011(1).

[266] 闫会心. 论存款保险制度的设计[J]. 经济问题，2009(8).

[267] 杨传东. 资本充足率约束与我国商业银行经营转型的关联性分析[J]. 上海金融，2008(2).

[268] 杨厚智，何萍. 资本充足率监管对货币政策的影响[J]. 时代金融，2007(4).
[269] 杨继光，刘海龙. 监管资本的适度性研究：基于我国上市银行的实证分析[J]. 财经研究，2009(2).
[270] 杨江英，罗洋. 危机后国际存款保险机构与制度的变革[J]. 银行家，2010(6).
[271] 杨瑾，霍天翔，刘湘勤. 资本充足率监管有效性的成本收益分析：基于我国四大商业银行的实证研究[J]. 财经问题研究，2010(1).
[272] 杨绍基. 现代银行监管理论的发展及对我国银行监管的启示[J]. 特区经济，2006(10).
[273] 杨谊，陆玉. 存款保险、市场约束与国有商业银行对策选择[J]. 改革，2011(9).
[274] 叶德珠. 升息周期中利率风险对我国商业银行资本充足率的影响分析[J]. 暨南学报(哲学社会科学版)，2008(4).
[275] 尹继志. 后危机时代国际金融监管改革框架、内容与启示[J]. 云南财经大学学报，2010(6).
[276] 游春，张绪新. 《巴塞尔协议Ⅲ》对我国商业银行资本监管的影响[J]. 金融管理与研究，2011(6).
[277] 俞靖. 美英日银行监管体制比较分析[J]. 新金融，2006(8).
[278] 俞靖. 银行监管理论演变综述[J]. 当代经济，2010(6).
[279] 辛基. 商业银行财务管理[M]. 潘功胜，樊志刚，张伟武，等，译. 北京：中国金融出版社，2002.
[280] 岳云康. 我国商业银行绩效评价研究：基于结构方程模型的分析[J]. 科技和产业，2010(6).
[281] 臧晶. 企业绩效评价的理论基础[J]. 工业技术经济，2010(10).
[282] 曾宝华，吴丁杰. 激励相容的金融监管体系的主要架构[J]. 广州市经济管理干部学院学报，2007(1).
[283] 曾刚，李广子，谢玮. 资本充足率变动对银行信贷行为的影响[J]. 金融评论，2011(4).
[284] 曾薇，陈收. 信息结构，激励相容与我国银行监管目标的定位[J].

求索，2011(11).

[285] 曾文革，屠中靓. 论我国银行监管体制的完善：评《银监法》[J]. 重庆大学学报，2004(5).

[286] 翟光宇，陈剑. 资本充足率高代表资本充足吗：基于中国上市银行 2007—2011 年季度数据分析[J]. 国际金融研究，2011(10).

[287] 詹志斌. 商业银行绩效评价方法及评价体系研究[J]. 财会通讯(综合)，2011(11).

[288] 张晨，赵艳. 我国商业银行资本充足率结构研究：来自中国上市银行的数据. 金融与经济，2009(8).

[289] 张洪菲. 存款保险制度的国际比较及经验借鉴[J]. 商业经济，2010(1).

[290] 张晶晶，李雅晶. 我国商业银行资本结构与股权收益率的实证研究[J]. 金融经济，2007(22).

[291] 张强，佘桂荣. 银行监管中的存款保险与市场约束研究综述[J]. 经济评论，2009(3).

[292] 张晓政. 我国商业银行的资本结构演化[J]. 特区经济，2011(6).

[293] 张榆. 资本结构理论在商业银行的适用性探析[J]. 福建论坛(人文社会科学版)，2011(2).

[294] 张羽，李黎. 非利息收入有利于降低银行风险吗？：基于中国银行业的数据[J]. 南开经济研究，2010(4).

[295] 张宗益，吴俊，刘琼芳. 资本充足率监管对银行风险行为的影响[J]. 系统工程理论与实践，2008(8).

[296] 赵丽生，赵翔. 商业银行资本充足率透析[J]. 会计之友，2011(6).

[297] 赵瑞，杨有振. 资本结构对商业银行盈利能力的影响分析[J]. 山西财经大学学报，2009(6).

[298] 赵育琴. 存款保险制度及其对中国的启示[J]. 经济师，2010(4).

[299] 郑云波. 经济资本面临监管资本强化的挑战[J]. 银行家，2011(2).

[300] 中国银监会课题组. 商业银行资本监管制度改革（一）：修补新资本协议漏洞，扩大资本覆盖风险范围[J]. 中国金融，2010(1).

[301] 中国银监会课题组. 商业银行资本监管制度改革（二）：提高资

本工具质量，增强银行损失吸收能力[J]. 中国金融，2010(2).

[302] 中国银监会课题组. 商业银行资本监管制度改革（三）：建立杠杆率监管标准，弥补资本充足率的不足[J]. 中国金融，2010(3).

[303] 中国银监会课题组. 商业银行资本监管制度改革（四）：建立反周期资本监管框架，缓解亲经济周期效应[J]. 中国金融，2010(4).

[304] 中国银监会课题组. 商业银行资本监管制度改革（五）：建立额外资本要求，降低大型银行的道德风险[J]. 中国金融，2010(5).

[305] 中国银监会课题组. 商业银行资本监管制度改革（六）：重新校准资本充足率监管标准，增强银行体系应对风险的能力[J]. 中国金融，2010(6).

[306] 中国银监会课题组. 商业银行资本监管制度改革（七）：顺应资本监管国际规则的变化，完善我国资本监管制度安排[J]. 中国金融，2010(7).

[307] 周爱萍. 日本存款保险制度改革及其启示[J]. 金融理论与实践，2009(6).

[308] 周光宇，杨博. 中国商业银行资本监管有效性实证研究[J]. 上海金融，2010(1).

[309] 周开国，李琳. 中国商业银行收入结构多元化对银行风险的影响[J]. 国际金融研究，2011(5).

[310] 周仲飞. 资本充足率：一个被神化了的银行法制度[J]. 法商研究，2009(3).

[311] 朱建武. 监管压力下的中小银行资本与风险调整行为分析[J]. 当代财经，2006(1).

[312] 朱芸. 浅析实施新资本协议与新会计准则对商业银行资本充足率的影响[J]. 市场周刊(理论研究)，2010(3).